THE POP-UP PITCH

最も
シンプルな

心をつかむ
プレゼン

著｜ダン・ローム　訳｜花塚恵

かんき出版

ダン・トーマスに捧ぐ

彼は10年にわたって、
私のメンター、親友、
影の立役者であり続けてくれた

旅立った世界でも、どうか元気で

雲の合間に、きみの姿を探すよ

THE POP-UP PITCH
by
Dan Roam

「THE POP-UP PITCH 最もシンプルな 心をつかむプレゼン」への賛辞

エド・キャットマル
（ピクサー・アニメーション・スタジオの共同設立者）

「ストーリーボードは、解決すべき問題を視覚的に考えるための効果的なツールであると同時に、アイデアを初めて見る人にプレゼンするための優れたツールでもある。本書の視覚的思考とプレゼンの技術は、誰もが身につけるべき最強のクリエイティブツールだ」

トム・ケリー（IDEO社パートナー）

「世界がより複雑になっていくなかで、本書が提供するのはシンプルさだ。効果的なストーリーテリングを実現するための10のステップは、あらゆる人がマスターする価値がある」

ダニエル・ピンク（NYTベストセラー著者）

「説得力のあるストーリーテリングの核となる要素を発掘し、1つのシンプルな道筋にまとめた優れた本だ。このアプローチに従えば、すべてに意味を持たせることができるだろう」

序文

　世の中には２種類の人間がいる。

　まずは、何ごとも実際より難しく見せようとするタイプ。

　こういう人は、本当に役に立つものを見つけると、ほかの人には秘密にして自分だけのものにしようとする。

　見つけたもの勝ち、というわけだ。

　一方、何ごとも簡単そうに見せる人もいる。こういうタイプの人が本当に役に立つものを見つけたら、まわりに教えたくてたまらない。

「みんな、聞いてくれ！　この方法にしたらすごくやりやすくなったから、みんなもきっとやりやすくなるんじゃないかな。ほら、すぐに使えるようにしておいたから、使ってみて」

　ダン・ロームは完全に後者だ。

　彼の著作は、「私のやり方はほかの誰も真似できない。さあ、私のすごさを称賛するがいい」というものではなく、「みんなに役立つこういうものを見つけたから、みんなにも確実に教えたい」という形で描かれる。

　悪いことは言わないので、この本に書いてあるとおりに実行してみてほしい。

　私がそうオススメする理由は３つある。

　１つめの理由は、効果があるから。

　2つめの理由は、プレゼンテーションはいまや厳しい試練と化してしまったが、本来は無理強いされるものではなく、人を高揚させ、人の刺激となるはずのものだから。

　3つめの理由は、何といっても、この本に書いてあるとおりに実行すれば、昔大好きだった宝物を物置で見つけたときのような、忘れていた大事なことを思い出させてもらえるからだ。

　これからあなた自身のストーリーを見つけ、あなたの手で形づくっていくわけだが、実際にやってみればきっと、それは以前からずっと自分のなかにあったという気持ちになるはずだ。

　学ぶ必要があることを、忘れていただけのように思わせてくれるなんて、これ以上に寛大なことがほかにあるだろうか。

ダシュカ・ザパタ
コミュニケーション部門のバイス・プレジデントで、
オンラインで2億回読まれている作家

INTRODUCTION

POP-UP PITCHの
世界へようこそ

>> CHAPTER1
ポップアップピッチの世界へ
ようこそ

POP-UP PITCHの
準備

>> CHAPTER 2
ポップアップピッチは
会議で説得力を高めるメソッド

1時間目
シンプルな絵で下準備をする

>> CHAPTER 3
ビジュアル・デコーダーを使って
自分の思考を可視化する

>> CHAPTER4
ビジュアル・デコーダーを作成し
あなたが描いた絵に語らせよう

>> CHAPTER5
休憩して描いた絵を
しばし寝かせよう

2時間目
10ページピッチをつくる

>> CHAPTER 6
10ページピッチを理解し
ストーリーを語る準備をする

>> CHAPTER7
10ページピッチを
1ページずつ作成する

>> CHAPTER 8

ポップアップピッチを使ってプレゼンする
個人、中小企業、世界的企業の例

>>> CHAPTER 9
一世一代のプレゼンになるよう
十分な準備で磨きをかける

本文デザイン・DTP／松好那名(matt's work)

INTRODUCTION

スケッチで明確にし、ストーリーで説得する

　私はつねづねこう思っている。不確かで複雑な世界において、視覚に訴えるストーリーはまさに魔法だ。

　いくつかのスケッチを添えてシンプルなストーリーという形でアイデアを共有すると、相手に明確に伝わり、相手は安心感や人の温もりを覚える。

　この伝え方は、自分の考えをポジティブ、かつ素直に受け入れてもらうための最高の発明ではないか。

　私はこれまでずっと、誰がどんなアイデアをどんな人に伝えることになっても、短い時間で明快に伝えて相手を前向きな気持ちにさせることができるという前提に立って、キャリアを築いてきた。

　その集大成として生まれたのが本書『THE POP-UP PITCH 最もシンプルな心をつかむプレゼン』である。

　私がこの本を書いた目的は、単純に生涯最高のピッチをつくっ

てプレゼンするメソッドをみなさんとシェアしたかったからだ。

　これがあれば、仕事でリーダーという立場にある人なら、チームのモチベーションを高めるときに活用できる。

　スタートアップの経営者なら、ビジョンを伝えて投資家の心をつかむのに、これ以上効果的なものはない。営業職の人なら、電話をかけた見込み客に、もっと話を聴きたいと思わせることができる。

　これらはほんの一例にすぎず、前向きな気持ちになるストーリーを通じて誰かを説得することは、職種や立場に関係なく誰にでもできる。

　そのメソッドが「ポップアップピッチ」なのだ。

　プレゼンテーションを行うのが大好きな人も、人前で自分の意見を発表するのが怖いという人も、この本を読めば望む結果を確実に手にできる。

　おまけに、プレゼンをするプレゼンターとその聞き手のどちらも、楽しい気持ちになる。

　プレゼンテーションを料理だとするなら、それを行うあなたはシェフだ。シェフのあなたには、伝えたい美味しいアイデアがある。

　プレゼンテーションの聞き手は、あなたのレストランにやってくる客で、よりよい働き方や生き方、より大きな成功を手にする方法に飢えている。

　あなたの仕事は、短い時間で刺激的かつ印象的なプレゼンテーションを行って、彼らにその方法を伝えること。あなたが提唱するアイデアは彼らの役に立つと理解させ、彼らにそれを実行したいと思わせるのだ。

これからポップアップピッチに取り組むあなたのために、重大な秘密を2つお教えしよう。1つは「視覚」に関すること（スケッチの力は偉大だ）、もう1つは「口頭で伝える」ことに関する秘密だ（ストーリーを語ることは難しくない）。

　視覚に関する秘密とは何か。実は、文字で表すよりシンプルな絵を描くほうが、思考が解放され、記憶に眠るアイデアに関する情報をより詳しく読み取ることができる。

　学術誌『ジャーナル・オブ・エクスペリメンタル・サイコロジー』に近年発表された研究によると、言葉を思い出す手段としての効果の高さは、絵を描くことが群を抜いていたという。

　文字を書く、タイプする、声に出して読み上げるのいずれも、絵を描くことにはかなわなかった。

　『タイム』誌には、この研究が次のようにまとめられていた。「試す対象をいくら増やしても、結果は変わらなかった。毎回必ず、描くことがほかのどんな選択肢にも勝っていた」

　絵を描くことを心底苦手だと思っていても関係ない。絵を描けば、思考のなかを漂い始めていることに気づいてすらいなかった「素晴らしく濃密なアイデア」が解放される。

　「そういうアイデアが描きやすくなれば」との思いから、私は絵でブレーンストーミングを行う「ビジュアル・デコーダー」というツールを考案した。

　本書の前半はこのツールを使い、あなたが人々に受け入れてもらいたいと思っている「アイデアの本質」を見いだし、それを掘り下げることに費やす。

　では、口頭で伝えることに関する秘密とは何か。あなたが聞き手に向かってシンプルなストーリーを語ると、あなたと彼らの耳

にストーリーが入ってくることから、互いの脳内に独特の絆が生まれる。

　プリンストン大学の神経科学者が、ストーリーを語る人とそれを聞く人の脳の動きを観測したところ、ストーリーが語られると予測可能な「脳の活動のカップリング」が見受けられることを突き止めた。

　要は、ストーリーが語られているあいだ、聞き手と話し手の脳の活動が一体化したのだ。そして語りが止まった瞬間、カップリングは途絶えたという。

　ストーリーが持つ力の偉大さは、誰もが幼いころから知っている。いまではその理由も判明していて、ストーリーを耳にすると、私たちの脳内に、「コルチゾール（記憶の形成を助ける）」「ドーパミン（感情的な反応を調節する）」「オキシトシン（共感を促す）」といった化学物質が分泌されるのだ。

　ストーリーを伝えるスキルが自分にあるかどうかわからないという人でも、心配はいらない。効果が実証されている、解説に従って埋めていくだけで「ストーリーが完成するフォーマット」があるので、それをぜひ知ってもらいたい。

　あなた自身が描いたスケッチをそのフォーマットに落とし込むだけで、人々が聞きたくてたまらないストーリーに仕上がる。

　私は自分で考案したこのフォーマットのことを、「10ページピッチ」と呼んでいる（フォーマットの完全版は付録に用意がある）。本書の後半ではこちらのフォーマットを使い、前半で描いたスケッチを生涯最高のピッチに変換する。

　この本では、2時間で準備をするテクニックを使い、自分が描いたスケッチと、ストーリーを構築するフォーマットを組み合わせる。それがポップアップピッチというメソッドだ。

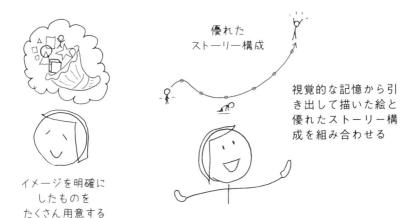

優れた
ストーリー構成

視覚的な記憶から引
き出して描いた絵と
優れたストーリー構
成を組み合わせる

イメージを明確に
したものを
たくさん用意する

　２つの素材を組み合わせたら、10ページで構成されたピッチが完成し、7分ほどでプレゼンできる説得力のあるストーリーとなる。

　ポップアップピッチは内容が細かくなりすぎないので、時間に追われている聞き手の関心を引くのにちょうどいいレベルの難度になる。

　また、ピッチはわずか２時間で完成する。紙とペンと２種類のツールを用意し、この本に描いてあるとおりに作業を進めるだけでできてしまう。

　ポップアップピッチの完成形に、決まった型はない。

　描いたスケッチをすべて含めてもいいし、一部だけ含めてもいい。完成したストーリーをメールで送るという形をとってもいいし、対面で紙とペンを使ってプレゼンしても、パワーポイントやグーグルスライドで作成したスライドを画面に映して行うプレゼンテーションの資料にしてもいい（最終形についてはCHAPTER8で詳述する。また、ポップアップピッチに必要なツールはすべて付録に用意している）。

  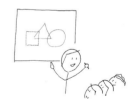

　ポップアップピッチは、対面やリモート、壇上のプレゼンテーションではもちろんのこと、会議の場でも完璧な説得力を発揮する。

　面と向かってでも、画面越しでも、わかりやすい絵と魅力的なストーリーによって、聞き手の心をプレゼンのあいだじゅう釘づけにし、有意義な議論や次につながる行動が引き起こされることになるだろう。

　また、ポップアップピッチはとんでもなく用途が広い。

　仕事やプライベートで変えたいことが生まれるたびに使えるし、誰かのためになることを提案したいときに使ってもいい。

　どんな内容を伝えたくなったとしても、ポップアップピッチの使い方を知っていれば、生涯最高のピッチを手早く作成し、それをプレゼンできるようになる。

3つの約束

　本題に入るにあたり、ここでみなさんに3つ約束しよう。

本書を読み終わるまで、その３つを覚えておいてもらいたい。

　まずは、この本に書いてあるとおりに実行すれば、次にプレゼンテーションを行うときは、対面でもリモートでも、これまでより短時間で集中してピッチを作成でき、その内容は、聞き手にとってもプレゼンターであるあなた自身にとっても、説得力があって楽しいものになると約束しよう。

　次に、この本を読み終えたら、たった２時間でプレゼン用の素晴らしいピッチを準備できるようになることも約束する。

　そして最後に、本当に２時間で準備できるようになるために、この本も同じくらいのスピードで読み進めながら、夢中になって楽しめるものにすると約束しよう。

　そのため、本書は少々変わったつくりになっている。

　具体的には、ギブ・アンド・テイク方式で書いている。私がストーリーを語ることもあれば、みなさんにストーリーを語るようお願いすることもある。

　私が絵を描いてみせることもあれば、みなさんに描くことを求めることもある。私がフォーマットを実際に使ってみせることもあれば、各自で使ってみるようにと求めることもある。

　つまり、途中で「ここでエクササイズをやろう！」と呼びかけられることが出てくるのだ。寄り道や違うことを挟むのが好きな人には、きっと喜ばれるだろう。

　だが、読むことだけに集中したい人は、エクササイズは飛ばしてもらってかまわない。私の提案に従っても従わなくても、どちらでもまったく問題ない。

　本書をどう使うかは、あなたしだいだ。本書に従って２時間を費やせば、生涯最高のプレゼンテーションが必ず手に入る。それも、読み終えてすぐにだ。

　それでは始めよう。

Welcome

POP-UP PITCHの
世界へようこそ

>> CHAPTER1

ポップアップピッチの世界へ
ようこそ

ポップアップピッチとは何で、なぜ必要になるのか?

　いいかげん、認めよう。かつてないスピードで進化を遂げるビジネスの現場において、クリックしながら話すスライドショー形式のプレゼンテーションは、この先、通用しなくなる。

　オンライン会議では、モニターと対話に参加者の注意を向けさせる工夫が必要になる。自宅からの参加では、会議になかなか集中できないからだ。

　ソーシャルメディアのような瞬時に人々の注意を奪うものが誕生し、いまや誰かに向かって何かを話そうとすれば、世界全体を相手に聞き手の注意の奪い合いになる。

　したがって、重要な意見や情報を、これまで通用していたツールを使って共有しようとしても、うまくいかない。

　プレゼンテーションの世界はすっかり様変わりしたのだから、プレゼンテーションを行うにも新たなツールが必要だ。

　よりよいプレゼンテーションを行ううえで、テクノロジーに詳しくなる必要はない。大事なのは、人間に詳しくなることだ。

　人の注意を引くことが難しいいまの時代、必要となるのはポジティブな説得だ。人を前向きな気持ちにさせる言葉を使って行う説得は、人々の注意を奪おうとするどんなものよりも光り輝く。

　伝えるときは、もっとも重要な部分を凝縮し、できるだけ簡潔に伝える。聞いている人たちが、「言うとおりにすれば、仕事や人生がいま以上によくなる」と思える伝え方をするのだ。

　とりわけ、語っている人は自分と同じ人間で、これは自分にも関係する話だと聞き手に思わせることが重要になる。

　想像してみてほしい。会議で発表する人と聞く人が、ともに会議を心待ちにするようになったらどんなにいいか。

　それを現実にすることは可能で、あなたにも必ずできる。

　そこで必要となるのが、ポップアップピッチだ。

　期間限定で出店している「ポップアップストアに目をとめたら、欲しいと思っていたものがちょうどあった」という経験は誰にでもあるだろう。

　それと同じで、ポップアップピッチは「最高の発想」を瞬時に明らかにしてくれる。

　ポップアップレストランは、エンチラーダを注文する前に試食させてくれる。

　それと同じで、ポップアップピッチは、あなたが提案することを実行したらどうなるかを聞き手に具体的に伝え、それが必要なことだと気づいていなかった人に、そうと気づかせる。

　そうして人々の注意を奪い、もっと知りたいと思わせるのだ。

　ポップアップピッチは、視覚を駆使してストーリーを語るプレゼンテーションメソッドだ。

　プレゼンテーションの構築と発表、この2つをサポートするツールがあり、これまでとは一味違うプレゼンテーションがつく

れるようになる。

このメソッドを取り入れれば、あなたが開く会議は一目置かれるようになる。

このメソッドを使ってプレゼンテーションを行えば、視聴した人々に決断を促し、彼らのやる気を駆り立て、思考を刺激し、彼らに進んで「アクションを起こそう」と思わせることができる。

もっとシンプルな言い方をすると、私がポップアップピッチを考案した理由はただ一つ。

頭のなかにあるものを絵や図で表して考える「ビジュアル思考」に、心に訴えかける「ストーリー語り」を組み合わせれば、「もっとも説得力のある自分」を素早く呼び起こせるようになるからだ。

「科学」という新しいものと、「知恵」という古いものを組み合わせたおかげで、なじみ深さがありながらも、埋めていくだけでピッチが完成する革新的な「メソッド」が誕生した。

この実践的なプレゼンテーションメソッドの核となる部分を言葉にすると、次のようになる。

>>> このメソッドに則って絵を描き、文章を書き、考えることに2時間費やせば、ほぼどんなテーマでも10ページの展開でメッセージが明確に伝わるストーリーが完成し、7分もかからずにストーリーを聞いた人のやる気をほぼ確実に引き出すことができる。

ポップアップピッチが作用する仕組み

2時間かけて10ページのストーリーを準備すれば、聞き手に刺激を与え、やる気をもたらし、行動を促す7分のプレゼンテーションが完成する

　プレゼンテーションを行うとなると、主に次の3つの問題が立ちふさがる。

　1つは準備にあてる「時間が限られている」こと。それから、重要なメッセージなのに「説明が複雑になりかねない」こと。そして、プレゼンから「聞き手の注意がそれやすい」ことだ（これについては、プレゼンに限った話ではないだろう）。

　だがいずれの問題も、ポップアップピッチで克服できる。

　準備時間は「短く」なり、発表する内容は「明確」になり、プレゼンを視聴する人々の「心をつかめる」ようになる。

◎ポップアップピッチなら、準備が短時間ですむ

　集中できる時間を2時間確保すれば、自分でも驚くほど最高の仕事を素早く行えるようになる。

◎ポップアップピッチなら、伝えたいことが明確になる

　頭のなかにあるものが可視化されるので、これまで見えていなかった解決策や機会、つながりが見えるようになる。

◎ポップアップピッチなら、聞き手の注目を集められる

　感情の起伏を意識して作成した「10ページのストーリー」を語る形式でプレゼンテーションを行えば、想像をはるかに超える注目が集まり、それを最後まで維持できる。

これまでの会議の場合　　　　　**ポップアップピッチの場合**

 ☑ 準備の時間が足りない　　　　 ☐ 準備の時間が短い（2時間）

 ☑ 説明が複雑になる　　　　 ☐ 明確（シンプルな絵で表す）

 ☑ 参加者の注意がよそに向く　　 ☐ 参加者の注目が集まる
　　　　　　　　　　　　　　　　　　　　（刺激を受け、感情を揺さぶられ、
　　　　　　　　　　　　　　　　　　　　自分に当てはめて考えるようになる）

ポップアップピッチなら、会議の準備にかける時間が短くなり、
発表する内容は明確になり、参加者の注目が集まりやすくなる

　もちろん、ポップアップピッチはあなた自身にもメリットをもたらす。仕事の相手（同僚、クライアント、パートナー、投資家など）に言うべきことがすでにわかっている状況は、80パーセントを下らないだろう。その言うべきことを、かつてないほど上手に伝えられるようになる。

　はっきりいって、あなたのストーリーをひと言も漏らさず聞きたいと心から思っている人はほぼいない。プレゼンテーションの聞き手となる人はみな、自分に関係があると思える話を聞きたがっている。そういう話なら、自分との共通点を探せるからだ。また、聞いていて心地よく、聞き手の意見を歓迎する構成で語りかければ、聞き手は熱心に耳を傾ける。

　人々を招いて見てもらうほど重要なプレゼンテーションならば、2時間かけて、内容的にも視覚的にもできるだけわかりやすく、見る人の心をつかむものにする価値は絶対にある。

ポップアップピッチはこうして誕生した

・ある日のバンコクにて

2年ほど前の、とある日曜日の午後のこと、私はクン・チャイという名のタイのビジネスマンと一緒にいた。

チャイが取り仕切るさまざまな企業のリーダーを集めた会の場に招かれて、私の「ビジュアル戦略」についてプレゼンを行ったのだ。

その場には、タイで最大手の1つと目される銀行の会長もいた。会長は私のプレゼンが気に入ったらしく、チャイを介し、銀行に明日ふらりと立ち寄ってほしいとの誘いを受けた。

会長から招待されているとチャイから聞かされた私は、そのチャンスに飛びついた。

タイで働いた経験から、私はつねづね彼らの働き方に深く敬意を抱くとともに、「タイならでは」と呼べる独特なビジネスの進め方についてもっと知りたいと思っていたのだ。

影響力の非常に大きな組織を内側から知ることができれば、勉強になることは間違いない。

私がチャイに「イエス」と答えると、その瞬間から事態はおもしろいことになっていった。何がそんなにおもしろいかというと、それがまさにこの本が誕生するきっかけになったのだ。

ここでちょっとひと休み。タイで起きたことを早く語りたいのは山々だが（よくできた話なので続きをお楽しみに）、その前に伝えておきたいことがある。

　みなさんにしてみればわかりきったことかもしれないが、この本のテーマを思うと、紙幅を割く意義は十分にある。

　実は、伝える価値のあるストーリーの中心には、何らかの困難が必ず存在する。人生に当てはめて考えればわかると思うが、すべてが完璧であれば、人はすぐに退屈になる。

　この退屈という状態は、とりわけ仕事の会議の場では、注意力が欠如した状態以上に、たちが悪い。

　これまでに観た映画、読んだ小説、キャンプファイアで聞いた物語を思い返してみてほしい。どれも必ず、順調だと思っていたらひどいことが起き、そこから本当の意味でのストーリーが始まる。

　困難に見舞われるときが、聞き手が目を覚ますときなのだ。

　この本では、優れたストーリーは必ず「感情の変化」を起こすことや、それが生じるタイミングを見極めることの大切さを伝えたいと思っている。

　感情の変化とはどのようなもので、それが起きると注目が集まる理由を理解し、さらにはあなた自身が大事なアイデアを伝えるとなったときに、感情の変化をどのように取り入れることが、あなたとあなたの発表を聞く人たちにとって、プラスになるかを学んでほしい。

　これからは、大事な会議の一つひとつを、あなたのストーリーを伝える場だと思ってもらいたい。

　職場でのプレゼンテーション、込み入ったセールスピッチ、授業や批評、問題解決のためのセッションなど、伝える内容や形式が何であれ、あなたにはすでに、聞き手の注目を集め続ける能力

が備わっている。これについてはのちほど詳しく説明しよう。

　それではバンコクに戻るとしよう。

　私とチャイは、バンコク市内でトップクラスの有名高級ホテルのロビーに座っていた。

「イエス」と答えた私に対し、チャイは「ふらりと銀行に立ち寄る」ことの本当の意味について話し始めた。

「この国の企業で、『ふらりと立ち寄るだけ』なんてことはありえません」と彼は言う。

「タイの歴史と文化に言外の意味はつきものですから、会う意味を掘り下げて理解する必要があります。今回のケースに関して言うと、会長は役員会で物議を醸す恐れのある新たな提案を投げかける必要があり、それによって役員の誰かの『顔を潰す』ことになりはしまいかと懸念されています。

　そこで、あなたという外国人を会議に招き、あなたからその提案をプレゼンさせることで、その場にいる全員に提案を聞かせつつ、それに対して芳しくない反応を見せても、誰のキャリアも傷つかないようにしようと考えたのです。はっきりいって……」と言って彼は間を置き、さらにこう続けた。

「あなたは、危険なメッセージを伝えるメッセンジャーになることを求められています。提案に対してみんなが肯定的に受け止めれば、あなたの株は上がるでしょう。

　反対に、よく思われなければ、その責めはあなただけが負うことになります」

　先ほどこれは「よくできた話」だとみなさんにお伝えしたが、おもしろくなるのはここからで、私としては潰されるメンツはほとんどなく、成功したときに得られるメリットのほうが大きかっ

たので、会長の招きに応じる気持ちは変わらなかった。

チャイの説明はさらに続いた。

会長が伝えなければならない、物議を醸しそうな提案は何かというと、彼らにとって新たな挑戦となる「チャレンジ銀行」を立ち上げることだという。

これは若者やテクノロジーに精通した人々に狙いを定めたサービスで、取引をデジタルに限定するため、そのぶんコストがからない。このサービスは、アメリカで展開されて成功しているが、タイではまだ導入されていなかった。

さらには、会議にはどんな人が出席するのか、明言していい話は何で、ほのめかす程度にしておいたほうがいい話は何か、会長が思い描く壮大な銀行改革を脅威に感じさせないために、私がメッセンジャー役を担うことで何ができるのか、といったことにも話が及んだ。

ホテルのロビーに座ってチャイと話すうちに、私はプレッシャーを感じ始めた。この「ふらりと立ち寄った」という体裁で行うプレゼンテーションは、過去最高に検討を重ねて臨むものにしなければならない。それなのに、準備にあてられる時間はあまりない。

そう思った瞬間、私はひらめいた。ビジュアル戦略に関するコンサルティングで複雑なアイデアを説明することになると、私はよく10段階のロードマップを持ち出す。

これは私が長年にわたって修正を重ねた末に完成させたフォーマットのことで、時間がないなかで説得力のあるプレゼンテーションを手早く構築するときに、いつしか頼りにするようになっていた。

「ちょっと描いて見せたいものがあるのですが」

　私はそう言ってノートを取り出すと、「10ページピッチ」を図に描いてチャイに見せた（下図を参照）。

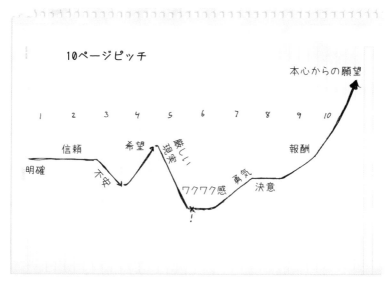

実際にクン・チャイに見せたノートに描いた図
（この図は何度も登場するので覚えておこう！）

「『英雄の旅』というのをご存じですか？」
　私はチャイに尋ねた。「ええ」とチャイは答え続けた。
「ジョーゼフ・キャンベルの有名な、モノミス（単一神話論）のことですよね？　壮大な物語を書くときのアプローチとして、ハリウッドの脚本家が崇拝しているものだと理解しています。それがどうかしたのですか？」
「私はその理論をもとに、とりわけ時間がないなかで説得力のあるプレゼンテーションづくりに役立つフォーマットを考案したのです。それを使って、明日の銀行でのプレゼン用にしっかりとストーリーを組み立ててみてはどうかと思っているのですが」
「やってみましょう」

そして実際にやってみた。

ホテルのロビーの薄暗い照明の下で、チャイと私はノートに図解した10の感情の変化に1行の文章を順に当てはめていった。

案の定、感情の変化を示す10の段階がストーリーの指針となり、シンプルながらも注目を集めるビジネスストーリーができあがっていった。

進む道順が定められているフォーマットがあるおかげで、銀行にとって重要な機会となる提案の伝え方の検討に専念でき、複雑なストーリーを新たに考案することに時間をかけずにすんだ。

10ページピッチというフォーマットに記入していくだけで、紅茶を2杯飲むあいだに、彼らが銀行として率先して行うべきことを10の文章にまとめたピッチが完成した。

書き上げたピッチを読み返すと、穏やかな感覚に包まれ、翌日の会議に対する不安がすべて洗い流されていくように感じた。

このストーリーは、私が本心から伝えたいと思うものに仕上がっていたし、ストーリーの出来に対しても自信があった。情熱がわき上がってくる感覚すらあった。

加えて、このストーリーは役員たちの強い関心を集めても、そこに脅威は生まれないので、チャイと私が会議室を出れば、残った彼らで話し合いを進めて改革を詰めることになるという確信もあった。

チャイも同じ気持ちだったようだ。

「素晴らしい出来です」と言い、さらにこう続けた。

「何かを提案するときは、ビジネス上の脅威となりうるものを伝えるより、メリットをストーリーにして伝えるほうがよさそうですね」

チャイもきっと私と同様に穏やかな気持ちになっていて、2

人でつくったストーリーに自信を持ち、翌朝の準備は整ったと感じていたと思う。

　10ページピッチというフォーマットにもとづいて作成した10の文章は次ページのとおりだ。

　複雑な概念やリスクとなりうる要素を含みながらも、最終的にどのようなストーリーにまとめたか、いかにシンプルでわかりやすいストーリーになっているかを見てほしい。

　これは自由に参考にしてもらってかまわない。

　また、本書の後半でも、さまざまなテーマにもとづくプレゼンテーションの例を紹介し、10ページピッチにどう当てはめて構築するかを詳しく解説する。

この銀行が率先して行うべきことについて、
私たちが10の文章にまとめたストーリーの流れ

1) この銀行が将来的に成功することは非常に重要である（顧客だけでなく、この国にとっても非常に重要だ）

2) この銀行は、この国の文化史の一部である（それが故に、国民と深い信頼関係を築き、企業として財務的に成功し、レジリエンスが著しく高い）

3) しかしながら、新しいタイプの規模の小さな銀行が誕生し、この銀行が提供していないデジタル取引、すなわち若い顧客が求めているサービスを提供するようになった

4) この銀行に長年受け継がれてきたものに、優れたテクノロジーを用いたイノベーションが結びついた世界（それはまさに、この銀行の顧客が望んでいることではないか）

5) これまでのやり方を踏襲するだけでは、顧客が望む銀行になれない（長年受け継がれてきたシステムは、どんどん時代遅れになっていくテクノロジーとの結びつきが強すぎるため、市場に新たに参入する銀行に迅速に立ち向かう術がない）

6) この銀行の一部としてデジタル取引を最優先とする小規模な「チャレンジ銀行」を創出し、従来のテクノロジーの制約から切り離してはどうか

7) 「チャレンジ銀行」を迅速に軌道に乗せるために必要となるシステムやツールは、いま初めてこの規模の銀行において現実的な選択肢の1つとなったが、それらをいち早く他国で導入した同業者が成功を収めている事例があることは心強い

8) この選択肢に関する調査は明日にでも始められる（10週間かけて、既存のシステムの問題点を徹底的に探せばいい）

9) 調査に取りかかれば、短期的なコスト削減につながる部分が明らかになる（既存のシステムにかかるコストで削減できたぶんは、チャレンジ銀行導入時の初期費用にまわすことを考える）

10) 上記の方針を実行に移せば、国内の大手銀行で初の試みを行うことになる（これは、この銀行の啓発力を高めるとともに、新たな世代の顧客層を確実に迎え入れるための基盤を構築する絶好の機会となる）

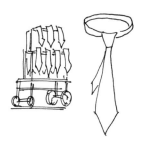

・タイの（ネク）タイ

　打ち合わせが終わってチャイが立ち上がると、彼は翌日の会議に着けていく「黄色いネクタイ」を持っているかと私に尋ねた。

　私は持っていなかった。

「この国では、背景を理解しているということがとても重視されます。ご存じのように、タイ人はタイの王室が大好きで、敬意を抱いています。

　先日みまかられた国王も、そのご子息の現国王も、月曜日にお生まれになりました。そしてタイでは昔から、月曜日の色は黄色とされています。

　おそらく、明日の会議に出席する役員はみな、王室への敬意から黄色いものを身に着けてくるでしょう。

　そこにあなたも黄色い何かを身に着けて現れれば、気づかれないわけがありません。それにより、あなたへの親近感が生まれ、あなたが語るストーリーのシンプルな美しさがいっそう際立つはずです」

　そう言うと、クン・チャイはロビーに出店していたタイシルクのスカーフやネクタイを販売する「ポップアップストア」を指差した。

　そこには、まさに私が必要とする黄色いネクタイがあった。

「ポップアップストアっていいですよね」とチャイが言った。

「求めているものがすぐに手に入るので」

　その瞬間、彼と私は目を見合わせた。

「いや、それってまさに、ピッチの作成に使ったフォーマットのことじゃないですか！　ポップアップストアならぬ『ポップアップピッチ』ですね！」

　そうしてこの本が生まれることになったのである。

　伝えたいメッセージをストーリーにして語るからといって、遠くに目を向けたり、必要なものを探すために膨大な時間を費やしたりする必要はない。

　自分が語るべきストーリーは、自分のすぐそばにある。

　これは私にとって大きな発見だった。

「ストーリーはすぐそばにある」を原点として、私はこの本を楽しんで書いた。みなさんにも楽しんで読んでもらえたらうれしい。

　そうそう、銀行でのプレゼンテーションは大成功に終わった。2年後のいまもなお、私はその銀行のコンサルティングを行っている。

必要なのは2時間だけ、ポップアップピッチの仕組みについて

　私はプレゼンに向けてチャイと過ごした午後に、シンプルなフォーマットを用いて伝えたいストーリーを視覚化し、感情に10の変化をもたらすストーリーに手早くまとめて聞き手に伝わりやすくしたと思ったら、ポップアップストアでプレゼンテーションの最後のピースとなる黄色いものを見つけた。

　この私たち2人が味わった体験を、最後のピースを見つけたときに味わった解放感も含めて、みなさんにもぜひ味わってもらいたい。

　そのためには、プレゼンテーションのたびに準備に専念する時間を2時間確保し、これから説明する手順に従って聞く人の心をつかむピッチをつくってもらうことになる。

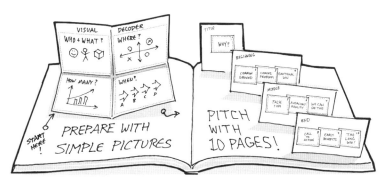

1時間目
シンプルな絵を描いて
自分独自のストーリーを見つける

2時間目
ナレーションと感情を加えて、
10ページのストーリーとして
語れるものにする

1時間目は「ビジュアル・デコーダー」にシンプルな絵を描く。
2時間目は「10ページピッチ」というフォーマットに当てはめながら
ストーリーをつくる

ポップアップピッチの作成は２部構成となり、どちらも紙とペンを使う。所要時間の目安はいずれも１時間だ。

◉１時間目
「ビジュアル・デコーダー」の作成。最終的に聞き手に伝える「ソリューションとなるストーリー」の重要な要素を素早く特定し、検証し、絵で表す。

◉２時間目
「10ページピッチ」の作成。所定のフォーマットを使い、１時間目で描いた絵を、「10の感情の変化」をたどる旅に落とし込む。これにより、聞き手の注意がそれることなく最後まで集中して聞いてもらえる。

　それでは、２部構成になっているポップアップピッチに取り組む準備を整えよう。
　まずは、１時間と邪魔が入らない場所を確保し、ビジュアル・デコーダーを描く時間にあてる。そして翌日も１時間確保し、10ページピッチをつくる時間にあてよう。

実践に入る前にストーリーで確認する

　ポップアップピッチに取りかかるにあたり、短いストーリーを用意したので読んでほしい。これはあなたに関する話だ。それに「あなたが次に行うプレゼンは必ずすごいものになる」。

◉「大きなプレゼンテーションを行う日が近づいてきた」

　あなたは、数日後にプレゼンテーションを行う予定になっている。しかも聞き手の数はかなり多い。

　彼らの注意を引くことに成功すれば、今回のプレゼンは、彼らの仕事どころか人生にも影響を及ぼすだろう。

　プレゼンの結果があなたにもたらす影響も甚大だ。うまく注目を集められれば、あなた自身の評判やキャリアが高まる。それほど重要なプレゼンなのだから、あなたとしては自分史上最高のプレゼンにしたい。

◉「そうはいっても、注意を引くにはどうすればいいのか？」

　プレゼンテーションを行うとなると、さまざまな「負担」が生じる。プレゼンをするあなた自身はもちろん、聞き手にも負担がかかる。ズームを使う負担、会議に出席する負担、パワーポイントを使う負担……。

　なぜ会議などというものがあるのか、と憂鬱な気持ちになる。とはいえ、その心情は何とも複雑なのではないか。

　今回のプレゼンはとても重要だが、あなたはほかの仕事が忙しすぎて、プレゼンの準備に専念する時間がない。

そして聞き手となる人々もまた、やる
ことが多すぎて、本来なら注目すべきあ
なたが発する重要なメッセージに、とて
も注意を向けられそうにない。

◉「プレゼンがうまくいったときのことを想像しよう！」

だが、ちょっと待ってほしい。あなたのプレゼンがきっかけと
なって、聞いていた人々の考え方が変わったときのことを想像し
てみてほしい。

初めて目にする何かに、その場にいる全員が心をつかまれたら
どうなるか。そこに生まれるエネルギーは、どれほどのものだろ
う。あなたがプレゼンで伝えたメッセージに触発された人々か
ら、どんな質問が出るだろうか。

あなたのプレゼンを通じて、仕事や人
生のことで気づきを得て希望が生まれ、
何らかの行動を起こしたくなったと心か
らの感謝を伝えられたら、あなたはどん
な気持ちになるだろう。

◉「従来どおりに行っても、うまくいく見込みはない」

ただし、これまでと同様に、スライドをクリック操作しながら
話すスライドショー形式のプレゼンテーションを行っても、いま
想像したような感覚は得られない。

あなたも本心ではそう思っているはずだ。従来
のプレゼンテーションは、これからは通用しな
い。

ならば、ほかにどんなやり方があるのか？

◉「今回は大胆なことに挑戦してみてはどうか？」

　今回のプレゼンテーションはとても重要なのだから、あなたがつねづね他者のプレゼンに求めていることを、思い切って自らやってみてはどうか。つまり、優れたストーリーを語る形式でプレゼンするのだ。

　映画の脚本を書くようにプレゼンテーションを構築し、人々の心をつかむストーリーという形で自分のアイデアを伝えたら、聞いている人々はもっと詳しく知りたいと思うに違いない。

　それがあなたの望む形のプレゼンではないか。

◉「実行するのは簡単だ！」

　そういう形でプレゼンを行うことはできる。聞き手が耳を傾けたくなるストーリーと同じ熱量、同じ動き、同じ感情を、あなたのプレゼンテーションに盛り込む方法があるのだ。

　その方程式はシンプルそのもので、普遍的なストーリーに隠された方程式と同じだ。旧態依然のプレゼンテーションとは明らかに異なるが、それは問題ではない。重要なプレゼンテーションには、こうした大胆さが必要だ。

◉「必要となるのは３つだけ」

　では、そのからくりを披露しよう。

　驚異的な影響力を生み出すプレゼンテーションを作成するうえで、必要となるのはたったの３つ。まずは、スケジュールを確認して１時間の枠を２つ確保する。その際には、その時間にひとりきり、もしくは信頼できるパートナーと２人で作業できる静かな

場所も確保し、その時間になったら、数枚の紙とペンを持ってそこへ向かう。

そして確保した2時間を使い、本書でこれから説明する手順に従って絵や文字で用紙を埋めていく。そうして完成したものが、あなたにとっての初めてのポップアップピッチとなり、その瞬間からあなたのプレゼンテーションは一変する。

⦿「これがポップアップピッチだ！」

私は「ポップアップ」という響きが気に入っているし、このメソッドを表すのにこれほどふさわしい言葉はないと思っている。数枚の紙を絵や文字で埋めていくと、プレゼンしようとしていることの中身を、自分が思っていた以上に理解しているとの自覚が生まれる。おまけに、よりよいストーリーが、より短い時間で（！）浮かび上がってくる。

プレゼンとしてストーリーを語れば、そのストーリーがあなたの意見にもっと時間を割く価値があるかどうかを判断する材料となる。

このように、聞き手の判断にまさに必要なものを提供するという意味でも、「ポップアップ」という名称がぴったりくる。

⦿「あなたが得るものは何か？」

新しいメソッドを取り入れることに、ためらいを覚えるかもしれない。そうなるのは当然だ。なにしろ、あなたのキャリアに大きく影響するのだから。

しかし、このメソッドで必要とな
るのは、「少々の認知科学」「数枚の
スケッチ」「古くから変わらない優
れたストーリーの方程式」だけなの
だから、試さない手はない。

　ここであらためて、社内でいちば
ん説得力のあるプレゼンの担い手と目されるようになったあなた
の姿を想像してみよう。

　このメソッドを試したところで、失うものが何かあるだろう
か？　それよりも、試したら何が得られるかを想像してみてほし
い。

◎「あなたが次に行うプレゼンは必ずすごいものになる」

最初に述べた言葉に戻ったが、い
まは自信を持ってこう言える。あな
たのプレゼンテーションは、絶対に
すごいものになる！

◎「あらためて振り返ってみよう」

　いま紹介したストーリーは、あなたのこれからについて私が作
成した「ポップアップピッチ」だ。

　どういうことか説明しよう。

　まずはストーリーを最初から読み返して、いくつのパラグラフ
に分かれているか数えてほしい。シンプルなスケッチとともに、
全部で 10 のパラグラフがある。

　最後のパラグラフは最初に述べた言葉のものなので、本来は先
頭にくる。各パラグラフには名前があり、頭から順に、「明確」
「信頼」「不安」「希望」「厳しい現実」「ワクワク感」「勇気」「決

意」「報酬」「本心からの願望」となる。

　ポップアップピッチは、この10段階で構成される。

　10のパラグラフを読み直すと、各パラグラフがどのような働きをもってストーリーを動かしているかが見えてくるはずだ。

　そして最後のパラグラフを読み終えるときには、読み始めたときに比べてプレゼンテーションの準備に対して自信が生まれ、不安が払拭されていると期待したい。

　バンコクで私がクン・チャイに見せた図を思い出してほしい。その図で示した、「明確」「信頼」「不安」「希望」「厳しい現実」「ワクワク感」「勇気」「決意」「報酬」「本心からの願望」という10の感情の変化から、ポップアップピッチを作成するための10の段階が生まれた。

　聞き手の注意を素早く引いてそのまま維持し、最終的に行動を起こさせたいときは、毎回この10段階に則してストーリーを構築すればいい。

　それがポップアップピッチだ。

　それでは次のCHAPTERから、人々の心を動かすストーリーの組み立て方はどのように生まれたのか、その組み立て方を使えば、ほぼどんなテーマでも説得力のあるピッチになるのはなぜなのか、そして、ポップアップピッチをあなたがこの先行うプレゼンテーションに最適なメソッドとして使うにはどうすればいいかを順に説明していこう。

GET READY

POP-UP PITCHの
準備

会議の種類はこの5つ

いい会議にするコツは、成し遂げる必要のあることを事前に決めておくことにある

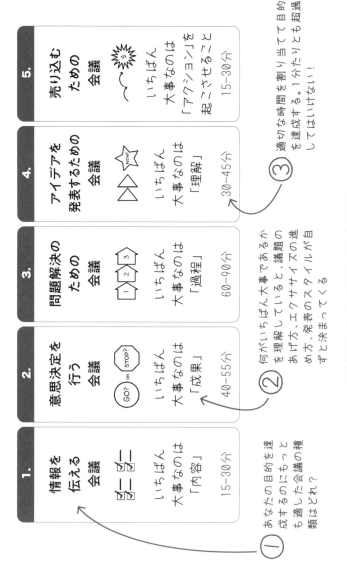

1. 情報を伝える会議

いちばん大事なのは「内容」

15-30分

2. 意思決定を行う会議

GO? OR STOP?

いちばん大事なのは「成果」

40-55分

3. 問題解決のための会議

いちばん大事なのは「過程」

60-90分

4. アイデアを発表するための会議

NEW!

いちばん大事なのは「理解」

30-45分

5. 売り込むための会議

いちばん大事なのは「アクション」を起こさせること

15-30分

① あなたの目的を達成するのにもっとも適した会議の種類はどれ？

② 何がいちばん大事であるかを理解していると、議題のあげ方、エクササイズの進め方、発表のスタイルが自ずと決まってくる

③ 適切な時間を割り当てて目的を達成する。1分たりとも超過してはいけない！

これは5種類の会議をまとめたものだ。

プレゼンテーションの日程を通知する前に、自分が開くべき会議の種類を特定するのに役立ててほしい。

CHAPTER 2

ポップアップピッチは
会議で説得力を高めるメソッド

さまざまな会議やプレゼンに向け
説得力と自信をつける準備をする

プレゼンテーションの細かい話に入る前に、はっきりさせておきたいことが1つある。

そもそも、人はなぜ会議（プレゼンテーション）をするのか？

この問いが持つ意味は大きい。というのは、会議を通じて何が得たいかを理解したうえで会議に臨めば、あなた自身だけでなく会議に出席する全員にとって、会議がより充実したものになるからだ。

プレゼンテーションを行う目的が明確になればなるほど、あなたは自信を持ってプレゼンを行うようになり、出席者たちも安心してそれに耳を傾けるようになるのだ。

プレゼンテーションに自信が持てるようになるという話なら、伝えておきたいことがある。

私がこの10年で行ったプレゼンテーションは500回を下らないが、プレゼンを行う前は毎回怖くて仕方がなかった。

実は、これは私に限った話ではない。もれなく全員が怖がっていた。舞台袖や楽屋では、人前に出ると緊張するという話題はタブー視されているが、しばらくすると告白合戦が始まる。

話を始める前は、どんな人でも緊張するものなのだ。とはい

え、この問題は簡単に解決できる。プレゼンテーションの素材となるものの中身をしっかりと理解し、語って聞かせるための優れたストーリーを準備すればいい。

ポップアップピッチは、緊張をほぐすという意味でも役に立つのだ。

会議で必要となる説得の度合いは異なる

会議にはさまざまな種類があり、世間では1日に100万もの会議が開かれている。

情報を伝える会議、意思決定を行う委員会、問題解決を目的としたブレーンストーミング、新しいアイデアのプレゼンテーション、売り込み……。

どれも会議ではあるが、目的はそれぞれ異なり、会議が変われば、方針、進め方、ゴール、議題も変わる。

とはいえ、どの会議にも共通し、かつ本書が重視していることが1つある。それは、会議には必ず説得の要素が含まれるという点だ。

この本では会議全般、もっと具体的にいうと、会議の場で参加者が体験・吸収すること、さらにはそれらを経て参加者がとる行動に対して起こしたい「変化」にスポットライトを当てる。

それは、「急速に変わりゆく経済に適応するために、業界全体を一変させる」といった世界を揺るがす変化かもしれないし、「友人に健康にいい新しい習慣を身につけさせたい」といった私的な変化、「理解を得たうえで新しい人事方針を採用する」といった組織のあり方における基本的な変化かもしれない。

変えたいものの規模は変わっても、そこに説得がかかわること

に変わりはない。

プレゼンを聞く人たちに、聞く前ならしなかったであろうことをさせたい、考えなかったであろうことを考えさせたい、とらなかったであろう行動をとらせたいという思いは同じだ。

そして、もっとも効果的な説得の形に共通するものが1つある。

プレゼンで変わることを提案しても、聞き手がその提案に応じることのメリットを理解しないことには意味がない。

説得は、それを聞く人たちを変えたくて行うのではない。自分が提案するやり方や成果は、聞いている人たちにとってもメリットがあると思っているから行う。

このよさを知ってもらいたいのです

ポジティブな説得を成し遂げる、それがこの本のゴールとなる

それではここで、本書における「説得」の意味をはっきりさせておこう。

私の言う「説得」は、相手の意見に挑むことでも、目標を強制することでも、巧みに人を操ることでもない。また、雄弁であるかどうかという話でもない。

いまあげたことはどれも、「押しつけ型」のアプローチだ。

そういうアプローチにも効果はあるが、変化を定着させたいな

らポジティブな説得を目指したほうがいい。

　ポジティブな説得は、聞き手の注意を引きつけるばかりか、説得の中身が聞き手のためになることだと彼らに理解させ、そう信じさせることができるものだ。

　それを本書を通じて学んでほしい。

　ポジティブな説得は、ビジネスの世界で誕生した新たなテクニックでもなければ、ソーシャルメディア上の流行でもない。

　それどころか、もっとも古くから影響力が大きいとされている営業アプローチの1つだ。いまもそれが使われる理由はただ一つ。そのやり方に効果があるからだ。

　90年ほど前のこと、ミズーリ州に生まれて俳優になることを夢見ていたデール・カーネギーは、石鹸の販売員をしながら自分には人の話を聞く才があると気づいた。

　そして、当時のカーニバルの客引きや胡散臭い販売員のように早口でまくし立てるより、相手の話にじっくりと耳を傾けるほうが商品をたくさん売ることができると、すぐさま学習した。

　彼は、話を聞くにあたって役に立ったことと、そうでなかったことをたくさん書きとめた。

　その結果、相手の話を聞くことを前提とした、シンプルだが効果の高い説得方法にたどり着き、それを1冊の本にまとめた。*How to Win Friends and Influence People*（『人を動かす』）というタイトルのその本は、世界中でベストセラーとなった。

　いま読むと、その本には古き良き常識や素朴な知見が詰まっている。

　そこに出てくる、「相手に関心を持って2カ月過ごせば、相手の関心を自分に向けさせようとしながら2年過ごすよりもはるかに多くの友人ができる」や「他者の視点に立って、正直な気持ち

でものごとを見てみよう」といった言葉を目にすると、重力を帯びているかのように引き寄せられる。

カーネギーが見いだすまでその方法が存在しなかったなんて、本当に驚きだ。何といってもカーネギーのやり方には、押しつけがましさがまったくない。

彼が考案した説得の24の原則を見ると（カーネギーの本は何度も改訂されているため、原則の数は版によって異なる）、はっきりいって「そのとおりだ」としか思えない。

どの原則も、根本にはウィン・ウィンの精神がある。

文字どおり、説得する側、される側の両方に、ウィンという名の利をもたらすのが最高の説得なのだ。

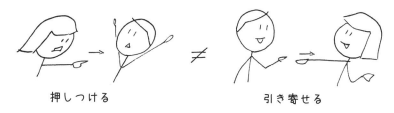

押しつける　　　　　　　　引き寄せる

自分の考えを押しつけて相手を追い詰めるのではなく、
自分の考えに相手を引き寄せて説得する

自分の考えに相手を引き寄せるアプローチは、ウィン・ウィンを求めるやり方の典型で、この種の説得は、された側の心に強く刻まれる。

説得を試みる相手を追い詰めて、何かを要求するようなやり方はいただけない。

そうではなく、手を差し伸べる気持ちで彼らのためになるアイデアを公開し、向こうから歩み寄ってくるのを静かに待つ。

このような形で説得すれば、長い目でみたときに、どちらの側にも望ましい結果がもたらされる。

具体例をあげよう。

あなたが考案した革新的なソリューションをクライアントに試してもらいたいと思っているなら、そのソリューションを試すことにメリットがあるとクライアントにわかってもらう必要がある。

自分は昇進して然るべきだと思っているなら、自分を昇進させれば、上司のためにもなると上司を説得する。

起業に成功した秘訣をほかの起業家たちと共有したいなら、その秘訣は自分の成功にも役立つと、彼らに思わせる。

では、そういったことはどのようにして行えばいいのか？「押し売り」は論外だ。また、製品を実際に使ってみせることや、無料でサンプルを配ることもしない。いまあげた方法でもうまくいく可能性はあるが、もっと確実に効果を見込めるやり方がある。ストーリーを語るという方法だ。

もちろん、ストーリーなら何でもいいというわけではない。

このときに語るストーリーは非常に限定的で、人類史を通じて人々が考案して形にし、試しては修正を繰り返しながら磨きをかけた、ポジティブな説得に最適化したストーリー一択だ。

気づいているかどうかは人によるが、誰もがこれまでの人生のなかで、映画や小説、法話、スピーチ、よくできたインフォマーシャル（情報提供型広告）などを通じてそういう形態のストーリーに何千回となく触れているはずだ。

よくできたストーリーは例外なくこの形態をとる。この先、あなた自身のストーリーを組み立てるときに、何度もこの形態を目にすることになるだろう。

ストーリーに関する詳しい説明はのちほど語るとして、その前に、ポジティブな説得の具体的な仕組みについて知っておいてもらいたいことがまだいくつかある。

どうすればポジティブな 説得になるのか?

　プレゼンテーションの聞き手を前向きな気持ちにさせたいなら、プレゼンターとして語るときに、次の３つのメッセージを心から信じ、それらをぶれずに伝え続けなければならない。

1　プレゼンターとして自分が提唱する成果やメリットは、聞き手にとっての成果やメリットでもある
2　その成果やメリットは、聞き手が求めているものである
3　その成果を聞き手が手にすることは、現実的に可能である

　この３つは、ポジティブな説得を行うポップアップピッチのコア（肝）となる。

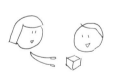 

① 聞き手に 関する話である　　② 聞き手自身が それを望んでいる　　③ 聞き手が それを手にできる

ポジティブな説得のコアとなる3つのメッセージ

◎ ポジティブな説得のコア1：
聞き手に関する話である

　会議を主催したり、壮大なプランを発表したりするときは、その会議や発表はあなたのものなので、話を聞く人たちと共有する何か、彼らに考えさせる何か、決めさせる何か、といった重要な何かはあなたが持っている。

　だからこそ会議を主催したのだし、会議に出席する人たちはみな、主催者にはその自覚があると思っている。

　しかし、会議の内容が何であれ、そこは「自分の話」をする場ではないと、わかっていない主催者がいる。

　あなたのメッセージを聞いた人たちが、メッセージの内容を気に入っても気に入らなくても、重要なのは、あなたが伝えたい気持ち以上に、聞き手の聞きたい気持ちが強くなることだ。

　あなたの意見を重要だと思ってもらい、あなたの決めたことを実行に移してもらえるようになるには、それが聞き手にどのようなメリットとなるかを、目と耳で理解できるように伝える必要がある。当然ながら、いい知らせは伝えやすい。「あなたの宝くじが当選しましたよ」といったメッセージなら、喜んで伝えたくなる。

　だが、悪い知らせになるとどうか？　恐ろしいと思われているものや難しいと思われているもののことを、実はためになるものだと相手に納得させるにはどうすればいいのか？

　この難問に対し、ポップアップピッチは「どんなメッセージもいい知らせとして伝える」ことで対処する。

　よって、ポップアップピッチに取り組むときに肝に銘じることその1は、「どんなメッセージでも、**相手が積極的に受け入れたくなる言い方は必ずある**」となる。

◉ ポジティブな説得のコア２：
聞き手自身がそれを望んでいる

　ポジティブな説得の２つめのコアは、提唱するメリットが聞き手の求めているものであると明確に示すことだ。

　明らかに聞き手のためになるという知らせなら、やはり伝えやすい。素敵な贈り物なら誰だって欲しくなる。ここでいう素敵な贈り物とは、手に入ると安心感が生まれるものや、自分を肯定する気持ちを高めるものを意味する。

　そういうものの共有を目的としたプレゼンテーションなら、会議はスムーズに進むだろう。ただし、それが素敵な贈り物であると、聞き手にわかってもらえないことが意外と多い。

　ポップアップピッチは、大成功が待ち受けるものとしてアイデアを輝かせると同時に、現実的なことも順を追って説明する。

　このやり方は、たとえ恐ろしい真実でも、プレゼンターと聞き手はともに嘘偽りのない真実に向き合い、聞き手は短期的には何かを失うとしても、長い目で見れば正しいと思える行動をとりたがるはずだと信じる気持ちがないと成立しない。

　ポップアップピッチは、「長い目で見たときの最善の行動は、とかくもっともつらい一歩を踏み出す気持ちになるものだ」と積極的かつ前向きに伝えることで、聞き手の説得を目指す。

　よって、ポップアップピッチに則したプレゼンテーションは、「ええ、真実はこうです。大変そうに思えるかもしれませんが、真実が明らかになってよかったです。その真実に直ちに対処することだけが唯一の解決策ですから、みなさんが望んでいる策はこれです」といった展開になる。

　現状をありのままに伝え、問題を解決する責任の一端を担う意思を表明すれば、プレゼンターとして瞬時に信頼と信用を勝ち取れる。これほど強力なメッセージはなかなかない。

よって、ポップアップピッチに取り組むときに肝に銘じること
その2は、「真実に堂々と向き合って現実に即して対処すれば、
真実を見直して現実的に前に進む道が見つかる」となる。

◎ポジティブな説得のコア3：
　聞き手がそれを手にできる

　ポジティブな説得の3つめのコアは、長い目で見た勝利を幻想
にしないことだ。

　長期的なメリットを現実にしたいというあなたの願いは、もち
ろん実現できるし、小さなステップに分けることで、実現までの
道のりをかなり単純にもできる。

　分けるのは簡単ではないかもしれないが、指示を明確にし、プ
レゼンターとしてのあなた自身の役割を明言し、プレゼンする動
機を聞き手に目で見てわかるようにするのだ。それらが整えば、
プレゼンターと聞き手に実現できないことは何もない。

　よって、ポップアップピッチに取り組むときに肝に銘じること
その3は、「実現までの道のりを小さなステップに分けて示す」
となる。

　ポジティブな説得を心がけるなら、「このプレゼンでは」と切
り出し、「みなさんが望む未来を実現するためにとるべきステッ
プを順に提示します。その手順に従って実行すれば、本当に実現
するのです」と続けるといい。

　この言い回しはどんな内容にも使える。

　ここから先は、以下にシンプルにまとめた3つのコアを念頭に
置きながら読み進めていってほしい。

1　聞き手にメリットがある

2　真実を知るのはいいことだ

3　やればできる

　この３つはこの先何度も出てくる。ポジティブな説得を行うためのストーリーは、この３つを土台にして構築されるのだ。

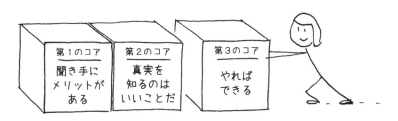

ポップアップピッチの土台となるもの

この３つの土台を意識することを忘れずに！

どんな会議でも
うまくいくようになる秘訣

　この本は、聞く人の心に残り、彼らに行動を促すピッチをつくってプレゼンできるようになるためのものだが、そのスキルが身につくと、どんな種類の会議でも説得力を発揮しやすくなる。

　ポジティブな説得を前提とするピッチを作成し、それをプレゼンできるようになることが本書の主たる目的ではあるものの、そのやり方を習得することの大きなメリットはほかにもある。

　ポップアップピッチを通じて学ぶ「ポジティブな説得」「計画の策定」「伝えたいことの視覚化」「ストーリー語り」は、どんな会議にもいくらかは絶対に必要になる。

そういうことができるスキルが身につけば、どんな種類の会議を主催しても、あなた自身はもちろん、会議の出席者たちの言動の改善が期待できる。

　なぜそうなるのか？

　会議の種類はいくつもあるので、それぞれの特徴と重要な要素がわかるように、下の図にシンプルにまとめた。

　この分類に従って会議を5つに分けると、目的に応じてプランを立て、いちばん大事なことを視覚化し、いちばん効果的に伝わるストーリーを構築する道筋が定まりやすくなる。

　図を見ればわかるように、あなたが主催もしくは出席できる会議は5種類だけだ。会議で成し遂げたいことが何であれ、それに適した会議はこの5つのなかに必ずある。

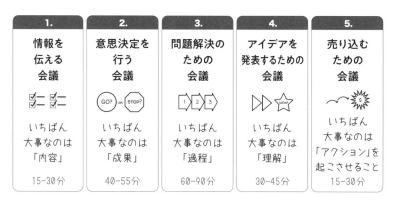

1.	2.	3.	4.	5.
情報を伝える会議	意思決定を行う会議	問題解決のための会議	アイデアを発表するための会議	売り込むための会議
いちばん大事なのは「内容」	いちばん大事なのは「成果」	いちばん大事なのは「過程」	いちばん大事なのは「理解」	いちばん大事なのは「アクション」を起こさせること
15-30分	40-55分	60-90分	30-45分	15-30分

会議には5種類ある。
会議を開いた目的を達成するには、
目的に適した会議の種類を理解する必要がある

この目的に最適な会議はどれかな？

1　情報を伝える会議で
　いちばん大事なのは「内容」

　これはもっとも基本的なタイプの会議で、もっとも頻繁に開かれる。この会議の目的は、出席者に新たな情報を周知することにある。出席者に何を期待しているかを伝え、期待どおりの行動をとってもらうのだ。

　それには、**「内容の明確さが何よりも重要」**になる。

　そこでポジティブな説得という形をとれば、伝える新情報が重要なもので、その情報に即した行動をとらねばならない理由が伝わりやすくなる。

　この種の会議の理想的な所要時間は 15 〜 30 分だ。

2　意思決定を行う会議で
　いちばん大事なのは「成果」

　これは、主催者と出席者が`その場`で決めなければならないことがあるときに開かれる会議だ。

　出席者全員に発言する機会があり、決断の当事者であるという自覚を各人が多少なりとも抱くのが理想的だ。

　だが何よりも大切なのは、**「決定されたことは何で、次に何が起こり、その責任者は誰かを、全員が正確に把握すること」**だ。

　ポジティブな説得という形で会議を進行すれば、決断しなければならないことを設定し、合意に向けて意思決定のプロセスを進めやすくなる。

　選択肢の吟味や議論をどの程度求めるかにもよるが、この種の会議の理想的な所要時間は 40 〜 55 分だ。

3 問題解決のための会議で いちばん大事なのは「過程」

　これは、出席者全員で知恵を絞って問題の対処にあたる必要があるときに開く会議だ。

　この種の会議の進行役は、問題を解決するという同意を全員から得たうえで、全員に発言する機会を与え、議論への積極的な参加を促し、その場で選ばれた解決策の実行を各自に決意させる必要がある。

　よって、この種の会議では**「過程が何よりも大事」**になる。

　ポジティブな説得という形をとれば、解決が必要な問題を要約して伝え、その後解決策として決まったことを（おそらくはピッチにまとめて）発表するという流れが生まれやすくなる。

　これはもっとも時間を要するタイプの会議なので、60 ～ 90 分は予定しておいたほうがいい。

4 アイデアを発表するための会議で いちばん大事なのは「理解」

　これは、新しいアイデアを発表したり、視点を変えたものの見方を提案したりするときに開く会議だ。

　この種の会議では、**「理解が何よりも大事」**になる。

　発表を聞く人は、発表を通じて得た知識が自分にどう関係するかを深く理解すればするほど、その知識を自分で試したくなるからだ。素晴らしい授業を受けたときの感覚に似ていると思ったなら、まさにそのとおりだ。

　統率、指導、教育といった呼び方もできるが、いずれにせよ、

この種の会議ではポジティブな説得がカギを握るので、ポップアップピッチのスキルが非常に役に立つ。

この「参加者を教育するピッチを発表する」会議の理想的な所要時間は、30〜45分だ。

5　売り込むための会議でいちばん大事なのは 「アクション」を起こさせること

これも出席者に新たな情報を与える会議の一種だが、こちらでは、あなたの提案に応じて**「出席した人たちに自らアクションを起こさせることが何よりも重要」**になる。

ポップアップピッチが誕生したのは、この種の会議の準備をしたときのことだった。

これもアイデアを発表するプレゼンテーションではあるが、ほかのプレゼンとの大きな違いが1つある。

それは、プレゼンを聞いた人たちに、自らの行動を変えたいと思わせるまでが仕事になるという点だ。

つまり、聞き手にあなたの提案を実行することを自発的に選択させるとともに、そう決めてよかったと思わせることが求められるのだ。

ポップアップピッチを活用すると、驚くほど短時間でそれを成し遂げることができる。

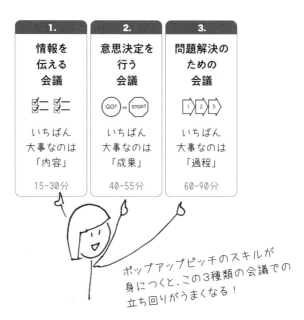

1.	2.	3.
情報を 伝える 会議	意思決定を 行う 会議	問題解決の ための 会議
いちばん 大事なのは 「内容」	いちばん 大事なのは 「成果」	いちばん 大事なのは 「過程」
15-30分	40-55分	60-90分

ポップアップピッチのスキルが
身につくと、この3種類の会議での
立ち回りがうまくなる！

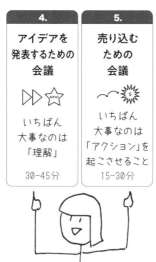

4.	5.
アイデアを 発表するための 会議	売り込む ための 会議
いちばん 大事なのは 「理解」	いちばん 大事なのは 「アクション」を 起こさせること
30-45分	15-30分

ポップアップピッチを作成し
プレゼンする会議はこの2種類

　会議の種類は以上の５つとなる。

　会議を呼びかける前にその目的を鑑みて、進行役のあなたと出席する人たちにとって最善となるのはどの種類の会議かと考えることは、いいウォーミングアップになる。

　これを行うだけでも、あなたが主催する会議の効率が高まり、ほかの出席者から感謝されることは間違いない。

◎ ポジティブな説得に自信を持つには？

　ポップアップピッチに取り組むにあたり、ポジティブな説得のカギとなる大事な要素がもう１つある。それは自信だ。

　説得とは、あなたの発言を聞き手の心に根づかせることだ。

　だからこそ、発するメッセージをあなた自身が心から信じなければならない。説得は信じる気持ちから生まれ、信じる気持ちは自信から生まれる。

　つまり、あなたがあなた自身を信じる気持ちから、プレゼンを聞く人たちがあなたを信じる気持ちが生まれるというわけだ。

　嫌な言い方をすれば、「ストーリーを語る当人が信じていないストーリーを、ほかの誰が信じるというのか」となる。

　だが、このような言い方は、ポップアップピッチの精神を損なうものだ。ポジティブな説得を行うのだから、「心から自信が持てるストーリーは、ほかの誰もが信じたくなる」というように、気分を高揚させる表現を心がけてほしい。

　それでは、ポップアップピッチの究極の秘密を披露しよう。

　ポップアップピッチをプレゼンテーションに取り入れれば、プレゼンテーションに対して確実に自信が持てるようになる。

　なぜなら、ポップアップピッチはストーリーを作成して語ることがすべてであり、ストーリーを語ることに対する自信は、次の２つのことさえきちんと実行すればすぐに生まれるからだ。

1つは、自分には語る価値のある素晴らしいストーリーがあると理解すること。そしてもう1つは、そのストーリーを上手に伝えること。たったこれだけだ。

　この2つのことを、次のCHAPTERから順を追って詳しく学んでいく。

◎ 自分自身を振り返る

　ポップアップピッチはあなたの役に立つメソッドだとわかってもらえただろうか。そのよさを、ぜひとも味わってもらいたい。取り組むにあたって必要となるのは、たったの3つ。

必要となるのは3つだけ（おや、この絵はたしか前にも…）

　次のCHAPTERに進む前に、次の3つを準備しよう。

1　ポップアップピッチのための時間として、1時間の枠を2枠スケジュールに確保する。時間を確保できたら、自分ひとり、もしくは信頼できるパートナーと2人で静かに作業できる部屋も確保する

2　確保した時間になったら、数枚の紙とペンを持参して用意した部屋へ向かう

3　確保した2時間で、手順に従って持参した紙に記入していく。手順については次のCHAPTERから説明を始める

1時間目

>>>

シンプルな絵で
下準備をする

HOUR 1

ビジュアル・デコーダー

シンプルな絵を通じてあなたの頭のなかにあるストーリーをあぶり出そう

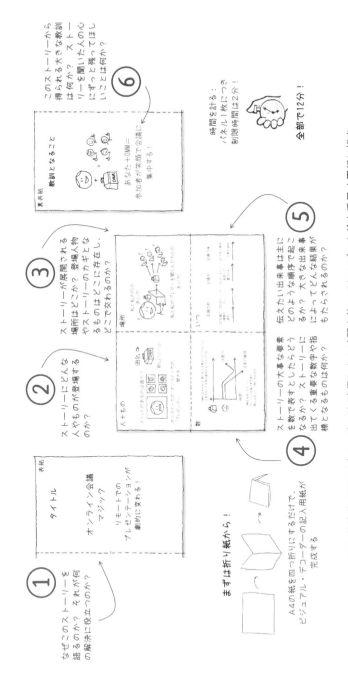

① なぜこのストーリーを語るのか？それが何の解決に役立つのか？

表紙
タイトル
オンライン会議マジック
"リモートでのプレゼンテーションが劇的に変わる！"

まずは折り紙から！
A4の紙を四つ折りにするだけで、ビジュアル・デコーダーの記入用紙が完成する

② ストーリーにどんな人やものが登場するのか？

③ ストーリーが展開される場所はどこか？登場人物やストーリーのカギとなるものはどこに存在し、どこで交わるのか？

④ ストーリーの大事な要素を数で表すとしたらどう？ストーリーに出てくる重要な数字や指標となるものは何か？

伝えたい出来事は主にどのような順序で起こるか？大きな出来事がどんな結果がもたらされるのか？

⑥ このストーリーから得られる大きな教訓は何か？ストーリーを聞いた人の心にずっと残ってほしいこととは何か？

裏表紙
教訓となること
あなた＋OMM = 参加者が笑顔で会議に集中する！

時間を計る：
パネル1枚につき制限時間は2分！
全部で12分！

⑤ これがビジュアル・デコーダーだ。確保した1時間を使ってシンプルな絵を手早く用紙に描き、あなたが伝えたいストーリーを視覚化しよう（絵が描けないという人でも簡単にできるのでご安心を）

ビジュアル・デコーダーを使って 自分の思考を可視化する

あなたのなかにあるストーリーを ビジュアル・デコーダーで見つけよう

ポップアップピッチに取り組むときは、こう思ってほしい。

あなたがこれから語って聞かせる説得力のあるストーリーは、すでにあなたの頭のなかにあり、いつでも出てこられる状態にあるのだと。

まだそういう状態にないと感じたとしても、ストーリーは間違いなくあなたのなかに存在し、視覚という偉大な力で照らされるときを待ち望んでいる。

ポップアップピッチの1時間目は、ビジュアル思考のウォーミングアップの時間だ。要は、頭のなかにあるものを絵や図にするのだ。

ここではいったん言葉を忘れてほしい。言葉はたしかに偉大だが、それが頭に浮かぶスピードはたいてい、猛烈に速すぎるか遅すぎるかのどちらかなので、期せずして最高のアイデアが覆い隠されてしまう。

ほとんどの人は、言葉が口をついて出た瞬間から、自由な創造と細部を重視した編集を同時に行おうとする。

この口頭での「発散と収束」を同時進行で行うと、私はクタクタになる。それに最高のアイデアが浮かんでも、もう少しで言葉になりそうだと感じたとたん、立ち消えになることがあまりにも

多い。

　そうした事態を避けるためにも、ストーリーづくりに取りかかるときは、少しのあいだ言葉に鳴りを潜めてもらったほうがいい。

　このCHAPTERで紹介するツールは、紙とペンを使って頭のなかにあるものを次々に解き放つ。

　あなたの頭のなかには、すでに素晴らしいストーリーが眠っていて、言葉のすぐ背後を覗くと、あると気づかなかったアイデアやコンセプトが隠れているものなのだ。

　そういうものを明らかにするのがこのツールの役割であり、私はこれを「ビジュアル・デコーダー」と名づけた。

　その名のとおり、脳内の奥深くに眠っている視覚的なイメージを表に出し、その構成を把握してデコード（解読）するからだ。

　イメージをシンプルな絵という形で脳内から引っ張り出し、解析を進めれば、伝えたいストーリーの主要部分はすでに脳内にあるとわかるはずだ。

あなたが伝えたいストーリーは、あなたの脳が知っている。
その見つけ方をこのCHAPTERで学ぼう

　ビジュアル・デコーダーは、いくつものイメージであふれる脳の視覚的な部分と、いくつもの言葉であふれる言語的な部分の架け橋となるものだ。

　このシンプルなツールを使って、これからつくるピッチを頭に思い浮かべてもらう。

　言葉が紡ぎ出されるよりも先に、心の目という名の想像力を通じて、脳内に眠るアイデアを直感的に深く掘り下げることにたっぷりと時間を費やすのだ。

優れたストーリーを語りたいなら、
まずはイメージと言葉をつなぐ架け橋をつくる

　脳内で視覚的にストーリーを語る部分は、無意識にしか使われていなかったのではないか。その閉ざされていた部分を、意図的かつ計画的に自動で呼び起こしやすくする。それがビジュアル・デコーダーというツールだ。

　このツールを通じて所定の順序でシンプルな絵をいくつか描くうちに、これまでは見えなかったアイデアの新たな一面が目に入り、自分が知っていると認識すらしていなかった要素やつながりに光が当たり、新たな気づきを得られるようになる。

　そんなことができるようになるはずがないと思うなら、それはストーリーは言葉で語るものなので、言葉がなかったらストーリーは存在しないと教わってきたせいだろう。

　だが、それは必ずしも事実ではない。

　ストーリーを語るときに言葉が必要になるのはたしかだが、最初はたいてい、脳内での視覚的な描写から始まる。

　まずは心の目という名の想像力が、描写が必要となる形状、特徴、動き、行動を認識する。そのうえで、言語的な力がそれらにナレーションを加える。

　つまり、「優れたストーリー語りは優れた視覚（ビジュアル）

化から始まる」といっても過言ではないのだ。

　口をついて出る言葉の背後に、どれほどの発想力や創造力が隠されていたのかが明らかになれば、大きな衝撃を受けるだろう。そもそも、そうした能力はなぜ隠されているのか？

ビジュアル・デコーダーを支える科学

　人間の視覚が持つ力は本当に驚異的で、その説得力の高さも尋常ではない。

　視覚を使ってピッチとして語るストーリーを事前に頭に思い描くことには、人間の視る能力と視覚の処理が大きく関係する。

　ここからは、この2つにまつわる重大な秘密を明らかにしていく。

　最初の秘密は、プレゼンテーションのプレゼンターと聞き手に共通する「視る能力」についてだ。

　人間の脳は、視覚にかかわる処理を何よりも優先する。

　認知科学の分野では、脳全体の3分の1から2分の1が視覚の処理に専念し、体内に取り込まれた酸素の10パーセント前後が視覚的な情報の処理で消費されるとみなされている。「そうなのか」と1秒考えたとすると、その間に吸った空気の10分の1が、目にエネルギーを供給するためだけに使われる。

　この点だけでも、視る能力の使い方を見直す十分な理由になるが、視覚という能力のすごさはまだまだこんなものではない。

　たとえば、プレゼンテーションに向けて、自分のアイデアのいちばんいいところを引き出して形にしたいと思うなら、自分のなかにすでに存在する視覚的な情報に目を向けるだけで、実に多くのことがわかる。

　どういうことかというと、脳内に存在するイメージを表に引っ

張り出したいなら、それを絵に描けばいいのだ。

「そんなバカな」と最初は思うかもしれない。だが絵を描けば、絵を描くことでしかできない、脳内の洞察力に優れたさまざまな領域が解放されるのだ。

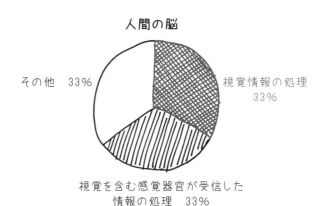

人間の脳

その他　33%

視覚情報の処理
33%

視覚を含む感覚器官が受信した
情報の処理　33%

脳全体の活動の3分の1から2分の1が、
視覚の処理に費やされる

　それに描いた絵がいくつかあれば、ストーリーの流れに即した順序でそれらを見せて、聞き手の注意をつなぎとめてストーリーに入り込ませることができる。

　絵を見せると、聞き手の脳の視覚をつかさどる部分が絶えず活動し、ストーリーを語るあなたとあなたが発するメッセージに脳全体が注意を向け続けるのだ。

　2つめの秘密は、「視覚は処理である」という事実だ。認知的かつ生物学的な見地からすると、人間の視覚は反復性と一貫性のある処理と呼べる。そういう処理は「予測」が可能だ。

　何が言いたいかというと、絵を使ってストーリーを語れば、絵という要素が自然に含まれるため、人は目で追わずにはいられなくなるのだ。

人はなぜ、絵の要素を目で追いたくなるのか？

そういうものに目がいくように何百万年もかけて進化を遂げたからだ。

いま紹介した２つのポイントをピッチの作成に生かせるようになるために、まずは簡単にできる思考エクササイズを紹介しよう。

そのうえで、このエクササイズがビジュアル・デコーダーにどう関係するかを説明し、それから実際に絵を描いてもらう。

ビジョン・キューブ（視覚の箱）を使ったエクササイズ

それでは思考エクササイズを開始する。準備はよろしいか？では始めよう。

◎「イヌを連れて散歩をしている自分の姿を想像しよう」

イヌの散歩に最適な日

今日はいい天気で、空には太陽が燦々と輝いている。あなたは見晴らしのいい原っぱにいて、連れているイヌはご機嫌に飛び跳ねながら鳥を追いかけ回している。何とも素敵な光景だ。

だが、その光景の詳細はどのようにして自分の知るところとな

るのか？

　それは視覚システムの働きによる。視覚システムが大量のカロリーを燃焼しながら、あなたのまわりに光子という形で存在する光を脳が納得するストーリーに変換しているのだ。

　太陽、イヌ、イヌが追いかけている鳥、それらすべての相対的な位置（に加えて、その場にいる鳥の数や鳥がとっている行動）といった、その光景を構成するありとあらゆる要素が1秒もしないうちに捕捉され、評価され、処理され、意味をなすものとなる。

私たちの視覚システムは絶えず働いている

　いま述べた一連の処理を、視覚システムは休みなしに絶えず行っている（先にも述べたように、脳の活動全体の2分の1近くがこの処理のためだけに費やされる）。

　あなたが起きて動いているあいだじゅう、視覚システムは働き続ける。あなたを取り巻く世界を観察し、あなたを導き続けるのだ。

　あなたの肉体は、世界はつねに変わり続けていて、チャンスやリスクがどこにあってもおかしくないと知っている。だからこそ、視覚をつかさどる脳は絶えず過敏な状態になっている。

　処理の仕組みに目を向けると、それはほとんど奇跡と言っていい。

電気信号、化学反応、生理学的事象、認知的な発見と評価、神経系の処理といった、実にさまざまな作用が生じるからだ。

あなたが想像した天気のいい日に限っていえば、視覚システムが行うその処理は、あなたのイヌの散歩を安全かつ楽しいものにすることだけのために実行されている。

ポップアップピッチに取り組む際には、ストーリーを語るときの視覚の作用に、注目してもらいたい。

視覚は処理であり、その処理は長い時間をかけて進化を遂げてきた。その結果、複雑な世界を効率よく紐解いて、重要なことに注意を向けさせ続けるものとなった。ならば、その処理に働きかけて、視覚に訴えるストーリーを披露するときに一役買ってもらうようにできたら最高ではないか？

私はそれは可能だと思っていて、そこで登場するのがビジュアル・デコーダーだ。

認知科学者や視覚の研究者が視覚の働きを表すメンタルモデルとして提案するもののなかには、異なる角度から撮った複数のスナップ写真によって情報を引き出すというモデルがある。

そのスナップ写真はすべて、あなたを取り巻く視覚的な現実の瞬間を切り取って写したものだ。

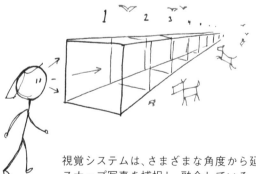

視覚システムは、さまざまな角度から延々と撮られ続けるスナップ写真を捕捉し、融合している

　視覚システムは、人が活動しているあいだじゅう、スナップ写真から多種多様な視覚的な情報を引き出して1つにまとめる作業を行う。

　それは、ストーリーという名の起きていることの一貫性を保ち、次に起こることを予測しやすくするためだ。

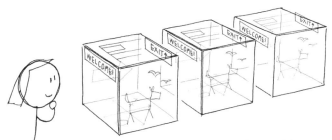

「視覚」とは、1枚ずつ光が当たるスナップ
写真が次々に現れることだと思えばいい

　1枚のスナップ写真には幅広い情報が含まれ、内容は写真によって異なる。含まれる情報はすべて、脳内を網羅するように走る「視覚の経路」を通じて捕捉され、処理されたものだ。

　目に見える物体（連れているイヌ、鳥など）の姿がわかる写真もあれば、**それらの位置**（イヌは手前で鳥は奥にいる）を示すもの、**物体の数**（イヌは1匹で鳥は2羽いる）を示すもの、それらの**経時的な変化**（鳥の数が増える、といったこと）をとらえたものもある。

　このように、脳内では実にたくさんのことが行われているのだ（散歩に連れてきたイヌを眺めるためだけに、どれほどのカロリーが燃焼されることか！）。

　それではここからは、頭に視覚的なストーリーが浮かべば瞬時に更新され、もっとも重要なことに意識を集中させる、脳の超常的な力について見ていこう。

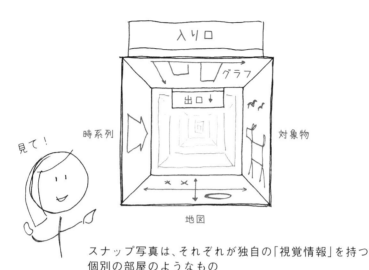

スナップ写真は、それぞれが独自の「視覚情報」を持つ
個別の部屋のようなもの

　脳内スナップ写真に関しては、「データを可視化する部屋のようなもの」という見方もできるだろう。

　その部屋には、写真に切り取られた瞬間をたどるのに必要な、ありとあらゆる視覚情報がある。

　部屋に足を踏み入れたら、あなたのまわりにあるもの、それらの位置関係、その数、さらにはそれらのわずかな動きや変化が壁いっぱいに写し出されている。

　あなたは部屋をぐるりと見回し、全体をざっと確認したら部屋を出る。その瞬間の重要なものが何か理解したら、次の部屋へ進む。

　すると、そこには前の部屋がとらえ損ねたものがある。

　このメンタルモデルでは、「視覚処理」の目に見えないよくわからない部分が、ざっくりと省かれている。

　そのおかげで、すでに脳内に保存されている視覚的な記憶を使って、濃密なストーリーを自らの意思で組み立てることに抵抗が生まれない。

視覚的な記憶を呼び起こすときは、
図のような「ビジョン・キューブ」を
いくつか探ることになる

　それではここまでの話を念頭に置きつつ、ビジョン・キューブをつくるという形でイヌの散歩を思い描いたときの視覚処理を再生してみよう。

　ビジョン・キューブをつくると、イヌを散歩させている光景をただ描くのと違い、想像力を通じて生まれ始めているストーリーを引き出しやすくなる。

ビジョン・キューブを展開したもの
＝ビジュアル・デコーダー

　キューブ（箱）を描くのは難しいので、1枚の紙にキューブを展開する。

　これがビジュアル・デコーダーのフレームワークとなるものだ。平面のほうが描きやすいし、視覚的な要素を漏らさず含めることができる。

■ ビジュアル・デコーダーとは何かを具体的に知る

　ビジュアル・デコーダーとは絵を描き込むためのシンプルなフ

レームワークを意味し、それは1枚の紙でつくる。

　何かを見たときに起こる視覚処理から、直接情報を引き出すのだ。この作業を行えば、ピッチとして使うストーリーを書き始める前の段階で、ピッチに欠かせない大事な要素をすべて特定し、検証し、視覚化できる。

　言ってしまえば、ビジュアル・デコーダーは四つ折りにした単なる紙にすぎない。折った紙の外側が表紙と裏表紙、内側が4つのパネルとなり、イヌの散歩をイメージしたときと同じで、**物体、位置、数、変化**がそれぞれ収まる。

　この順序で絵を描いていけば、脳の視覚をつかさどる部分が把握しているストーリーの概要を絵で表した、ドラフトができあがる。表紙と裏表紙を含む6つのパネルは、以下のような構造になっている。

ビジュアル・デコーダー

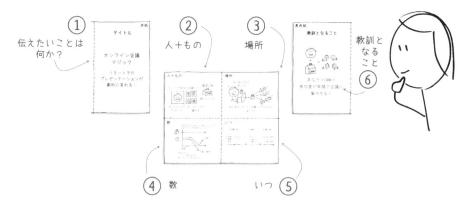

1 表紙／タイトル（言葉）

これから掘り下げる問題、機会、ストーリーを記す。

2 人（もの＝象徴となるもの）

このストーリーに登場する人物は誰で、登場する物理的なものは何か？

3 場所（位置＝マップ）

ストーリーが展開される場所はどこか？ ストーリーをおもしろくする人物や物体はどこに位置し、どこで重なり合うか？

4 数（数字＝グラフ）

ストーリーの主要な要素を数で表せるとしたらいくつになるか？ ストーリーの規模を把握するうえで、カギとなる数字や指標は何か？

5 いつ（変化＝時系列）

ストーリーのなかで起こる、知ってもらいたい大きな変化や出来事は何か？ 語る意義のあるストーリーが生まれるきっかけとなった重要な出来事は何か？

6 裏表紙／教訓となること（言葉か絵、または両方）

このストーリーが教える大事な教訓は何か？ ストーリーを思い返したときに思い出してもらいたいポイントは何か？

　この６つのパネルを絵や文字で順に埋めていくのだが、絵はシンプルかつ大雑把に手早く描く。

　そうしてビジュアル・デコーダーを完成させれば、頭のなかに

あるストーリーに対する理解がおおいに深まる。

　主要な登場人物が明らかになり、思いがけない要素がストーリーに関係すると気づくなど、あとでピッチの構築に取りかかったときに役立つ知見が手に入るのだ。

ビジュアル・デコーダーは どのようにつくるのか?

　私が経営するコンサルティング会社は、何年にもわたって大量のビジュアル・デコーダーを実践で使ってきた。

　クライアントは多岐にわたり、提携する世界最大規模のコンサルティング企業では、ツールに使う紙をプリンターからとってこさせた。

　ほかにも、役員室で役員たちに紙を折らせてパネルの名称を書かせたことや、スタンフォード大卒のエンジニアに同僚の胸ポケットに挿さっていたペンでコンセプトを描かせたこと、小学2年生の授業に折り紙を取り入れて大喜びさせたこともある。

　クライアントから学んだことは多い。

　どういうストーリーがもっとも重視されるかが理解できたし、構造的によくできたフレームワークを埋めていく作業は方人に好かれると知った。

　視覚に訴える形で次々にアイデアを出したいときは、ビジュアル・デコーダーに勝るツールはないということも実感した。

　だが、何といってもいちばんの収穫は、小学2年生たちから得た学びだ。

　私は彼らから、「紙を1枚用意するだけで、ビジュアル・デコーダーづくりが始まる」と教わった。

これがビジュアル・デコーダーだ！
紙を折り、名称を記し、埋めていく

ステップ1　ビジュアル・デコーダー（記入用紙）を準備する

ビジュアル・デコーダー（記入用紙）のつくり方

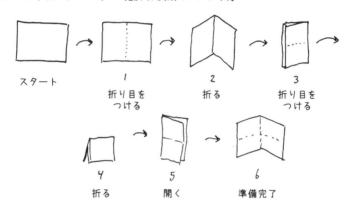

◎ 1枚の紙を横長にして目の前に置き、真ん中に縦の折り目を
　つける
◎ 左から右に半分に折る。このとき、小学2年生の子は「やっ
　た！　ハンバーガーができた！」と叫ぶ。
◎ いきなり上から下に折ってはいけない。「それじゃあホット
　ドッグになっちゃう！　ホットドッグはダメ」と小学2年生は
　叫んだ

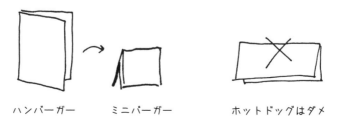

- 半分に折った状態の紙を、今度は横半分のところで水平に折り目をつける
- 上から下に折る。これで、きれいな二つ折りの小さな紙の財布ができたはずだ。小学2年生は「ハンバーガーがミニバーガーになった！」と叫ぶ。彼らはミニバーガーが大好物だ
- 紙を開く
- これでビジュアル・デコーダーの記入用紙は完成だ。次は名称をつけていく

ステップ2　ビジュアル・デコーダーのパネルに名称をつける

各パネルに名称をつける

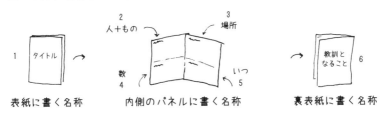

- 表紙にあたる部分に「タイトル」と記す
- ビジュアル・デコーダーを開く。上段左のパネルの上部左端に「人＋もの」と記す
- 上段右のパネルの上部左端に「場所」と記す
- 下段左のパネルの上部左端に「数」と記す
- 下段右のパネルの上部左端に「いつ」と記す
- 裏表紙にあたる部分に「教訓となること」と記す

　これでビジュアル・デコーダーの記入欄が整い、それぞれに名称がつき、作成を始める準備ができた。
　次ページの図のようになっているか確認しよう。

ビジュアル・デコーダー

紙にペンで描くというシンプルな作業を通じて、あなたのストーリーを見つけよう!

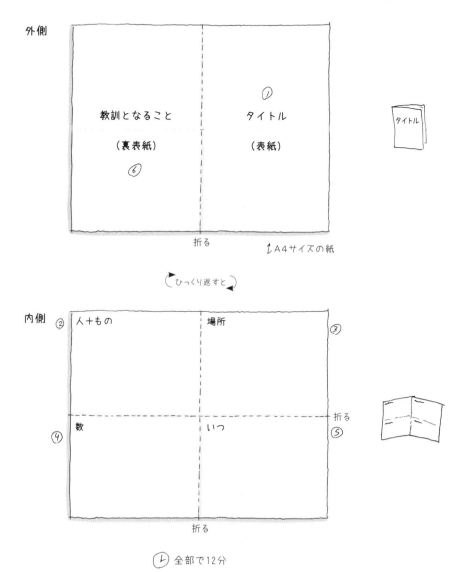

外側

教訓となること

（裏表紙）
⑥

①
タイトル

（表紙）

タイトル

折る

↑A4サイズの紙

ひっくり返すと

内側 ②

人＋もの

場所

③

折る

④

数

いつ

⑤

折る

全部で12分

ステップ3 記入する

　ビジュアル・デコーダーの記入用紙が完成したら、シンプルな絵と簡潔な言葉でパネルを埋めていこう（描き始める前に必ず読もう！）。

◎表紙から以下の順で6つのパネルを1つずつ埋めていく

　　1　タイトル
　　2　人＋もの
　　3　場所
　　4　数
　　5　いつ
　　6　教訓となること

◎タイマーを使い（スマートフォンのものでいい）、パネル1枚あたりにかける時間はきっかり2分とする。パネルを1枚埋めたらタイマーをリセットし、次のパネルに取りかかる。これを6枚ぶん繰り返すので、所要時間は計12分となる

◎それぞれのパネルには、できるだけシンプルな絵を可能なかぎりスピーディに描く。心の目でとらえたストーリーの一部を表す光景を描くのだ（絵が描けないと思っている人も心配はいらない。どんな人でも必ず描けると私が保証する。詳しくはのちほど説明しよう）

◎すべてのパネルを埋めたら、あなたのアイデアの肝がすっきりときれいにまとまった1枚の紙が手に入る。このわかりやすく簡潔にまとまった用紙が、2時間目で完成させるポップアップピッチの土台となる。

よく知っているストーリーで
ビジュアル・デコーダーを作成する

あなた個人のストーリーに関するビジュアル・デコーダーを作成する前に、2つの例を使ってパネルの埋め方を見ていこう。

1つめは、よく知っているストーリーを私の娘がデコードしたもので、2つめは私がビジネスのアイデアをデコードしたものだ。

1つめの例を通じて、あなたに描けるシンプルな絵でも、ビジュアル・デコーダーを簡単に埋められるとわかってもらいたい。

そして2つめの例では、仕事や教育に対する考え方や、仕事で誰かを説得したいことなどが、どう明確になるかを理解してもらいたい。

2つが伝える内容はまったく異なるが、同じ用紙を使ってデコードしている。

ビジュアル・デコーダーの例1
ハリー・ポッター

みなさんと一緒に初めてデコードするストーリーは何がいいかと考えていたときに、私はふと思い立ち、当時小学2年生だった娘のセレステに、お気に入りの物語を教えてもらえないかと尋ねた。

我が家は視覚に訴えることを重んじる家庭なので、セレステは絵を使って説明する私を何度となく見ている。それと同じことをやってほしいと頼んだのだ。

すると娘は、紹介する物語に『ハリー・ポッターと賢者の石』を選んだ。ビジネスの話ではないが、本や映画のタイトルとして聞いたことがある人は多いはずなので、どんなストーリーでもシンプルな絵で表すことができると実証するのにうってつけの題材だ。

　それでは、セレステが埋めていくビジュアル・デコーダーを見ていきながら、ビジュアル・デコーダーがどういうものか理解していこう。

◉パネル1
タイトルのページには、伝えたいアイデアや物語の名称を記す

　セレステはタイトルのページに、「ハリー・ポッター：わたしのビジュアル・サマリー」と書いた。

　この段階では、あれこれ思い悩む必要は何もないので、頭に最初に浮かんだタイトルをそのまま書けばいい。簡単だ。

裏表紙	表紙
教訓となること	タイトル
	ハリー・ポッター
	わたしの ビジュアル・サマリー

ステップ1
セレステは
ビジュアル・
デコーダーの
表紙に
ストーリーの
タイトルを
記した

◉ パネル2
ビジュアル・デコーダーを開いて「人＋もの」を描く

ここからは、ビジュアル・デコーダーの内側に移る。

ビジョン・キューブの中に入り、保存されている視覚的な記憶の活性化を始めるのだ。

視覚に訴えるストーリーをつくるときは、内容を問わず「登場人物」から考え始めるのがいちばん手っ取り早い。

ストーリーに出てくる主要人物にはどういう人たちがいるのか、いちばん重要なのは誰か、真っ先に頭に浮かぶのは誰か、と考えるのだ。

セレステは『ハリー・ポッター』の主要キャラクターを振り返り、「ハリー」「ハーマイオニー」「ロン」「ダンブルドア」を表すシンプルな笑顔の絵を手早く描いた。

このパネルで優先すべきはスピードだ。頭に浮かんだ名前と顔を、迅速にとらえるのだ。

セレステが実際に描いた絵を見ればわかるように、その顔は、目と口を円で囲んで髪の毛をつけたにすぎない。はっきりいって、ほかの円とかろうじて区別がつく程度だ。

主要な登場人物を思い浮かべて顔をすべて描くのに、1分もかかっていない。

4人を描いたのち、セレステは「悪い人たちは……」と言うと、悪そうな目をした「ヴォルデモート」と悲しそうな表情の「クィレル先生」を描き足した。

それから、私が「このお話のなかで、登場人物ではないけれど大事なものは何かある？」と尋ねると、彼女は少し考えてから「うん」と答え、雷の絵を描いて言った。「魔法だね」

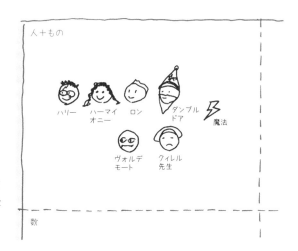

「人＋もの」の
パネルに、
セレステは
物語に登場する
主要キャラクターを
数人描いた

その後、物語のカギ
となる「もの」として
「魔法」を付け加えた

◎パネル3

右のパネルに移り、「場所」を描く

　ストーリーに登場する人物やカギとなるものがわかったところ
で、今度は場所について思いを巡らせる。

　登場人物たちが、どこで影響を与え合い、どこで交流し、どこ
で行動を起こすかを考えるのだ。

　物語について考え始めたセレステは、ハリー・ポッターの物語
は２つの世界で構成されていると気がついた。魔力を持たない
人々の「マグル界」と、魔法使いの「魔法界」だ。

　セレステはこの２つの世界を代表するものとして、まずはロン
ドン郊外のプリベット通りにあるハリーが住んでいた家を描き、
その後ホグワーツ魔法魔術学校を描いた。

　この２つはホグワーツ特急が走る線路でつながっていて、ハリー（とわれわれ読者）が２つの世界を行き来するルートであると、暗喩的にも明示的にも示唆している。

　セレステはシンプルな絵で、物語に出てくる場所を抜き出したので、瞬時に理解できるマップとなった。

　マップに含まれるそれぞれの場所に目をやると、１つの絵にたくさんの言葉が凝縮されているように見えてくる。

　そしてその絵を見ながら、物語の転換点や登場人物のやりとり、物語の進む方向を思い出したり、想像を膨らませたりするようになる。

　マップにはそうしたことを行わせる力があり、この力こそ、ビジュアル・デコーダーの「場所」のパネルを埋めるときに期待される視覚効果だ。

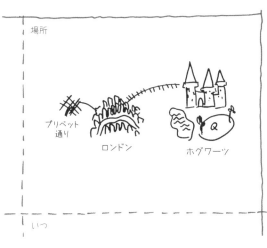

「場所」のパネルに、
セレステは
物語が展開する
主要な場所がわかる
マップを描いた

◉ パネル4

下段の左のパネルに移り、「数」に関することを描く

　下段の左側に位置する「数」のパネルに移動すると、「行き止まり」にぶち当たったような気持ちになる。ストーリーが展開する場所を思い描いたところに、ストーリーに関係する「数」について考えろというのだから、そうなるのは当然だ。

「意味がよくわからないんだけど」とセレステは言った。「物語に出てくる魔法使いの数を絵にしろってこと？」

「そのとおりだよ」と私は答えた。「ここは、『頭のなかで数えたもの』をグラフで表す場所なんだ」

　いくつあるかを素早く数える力や、大まかな数字をパッと予測できる力は、視覚の肝となる能力だ。

　このおかげで、２種類のものの数を比較することもできれば、注意を払う価値があるほう（ふんだんにあるのか、限られた数しかないのか）を瞬時に判断することもできる。

　考え込んでいたセレステの目がきらりと光った。

「じゃあ、ハリー・ポッターの世界に出てくるマグルの数（多数）と魔法使いの数（少数）を比べるグラフを描く」

　彼女はそう言って、マグルの数を表す背の高い棒グラフと、その隣に魔法使いの数の少なさを表す短い棒グラフを描いた。

　描き終えたグラフを見直すと、セレステは何かを思い出したようだ。「ハグリッドが、魔法使いはいい魔法使いばかりじゃないって言ってた」と言うと、ごく一部だが悪い魔法使いもいると示すグラフを新たに描き添えた。「でも、話が進んでいくと、悪い魔法使いの数が増えるんだよね」

　これはストーリー全体の柱の１つとなる興味深い事実であり、グラフで描くからこそわかりやすくなる。

「数」のパネルに、
セレステは
ストーリーに
出てくる
数えられるものを
シンプルなグラフで
表した

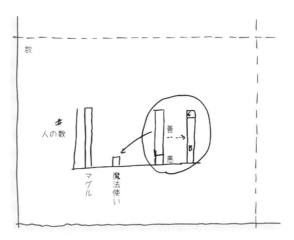

◎パネル5
下段の右のパネルに移り、「いつ」を描く

パネル4を描き終えた時点で、すべてのピースが出揃った。

セレステは各パネルに2分で絵を描くことで、ストーリーに不可欠な要素を頭に描いた。

そのおかげで、いまの彼女は、ストーリーで重要な役割を担う人物ともの、それらが存在する場所、それらの数がどのくらいあるか（ストーリーの最初のほうと、最後のほうでの数の違いを含む）を把握している。

彼女のビジュアル思考にとって、ストーリーを完成させるために不可欠な材料はすべて揃った。あとは、ストーリーを組み立てて語るだけだ。

そこで重要となるのが、この「いつ」を描くパネルだ。

最後から2番目となるこのパネルで、ストーリーのすべてが展

開される。

　つまり、**いつ**、**何が**、どういう**順序**で起こり、**どの出来事**がど**んな影響**を生み出すかを明らかにするのだ。

　セレステは主な出来事を時系列に並べた。

　ハリーはロンドンの不憫な少年として物語に登場するが、その後ホグワーツで魔法を身につけ、仲間ができ、自分自身や魔法について多くのことを学ぶ。

　そして、仲間とともに悪に立ち向かって勝つ！　いいぞ！

　最後は再びロンドンに戻り、おそらくは以前と同じ暮らしを送ることになるが、魔法使いであると自覚した彼は、もう以前の彼と同じではない。

　この素敵なストーリーを教えてくれたセレステ（と作者のJK）に感謝する。

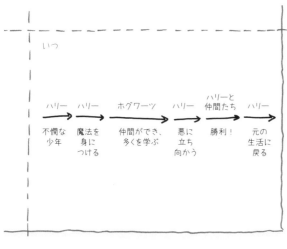

「いつ」のパネルで、セレステは物語のなかで起こる主な出来事を、手早く時系列にして描いた

◎ パネル6
裏表紙に「教訓となること」を描く

　ストーリーの全容を語っても、セレステの作業はまだ終わらない。ビジュアル・デコーダーには裏表紙があり、それを埋める作業が残っている。最後は「教訓となること」のパネルだ。

　ここでストーリーを総括し、「視覚を通じて得る1つの教訓」という形にまとめて締めくくるのだ。

　教訓でなくても、結論や気づきといった表現でもかまわない。

　要は、ビジュアル思考に問いかけてストーリーを深く掘り下げた労力の結果として、このストーリーを掘り下げた「理由」を明らかにするのだ。

　人物や場所、数、ストーリーの流れがセレステの頭にはっきりと思い描かれているおかげで、ハリー・ポッターを選んだ理由をどう描くかはすぐに決まった。

　セレステは悪者の顔の上に笑顔を描くと、「いつもは、いい魔法使いと、悪い魔法使いは平和に暮らしているの」と言い、さらに絵を描きながらこう続けた。

「でも、たまに悪い魔法使いの力が強くなる。ハリー・ポッターっていうのはね、友情と真実と愛が組み合わさると」と言って重なり合う3つの円を描き、「悪をやっつけられるんだって教えてくれる物語なんだよ！」と言い、友情、真実、愛の力に押しつぶされてぺちゃんこになった悪の顔を描き加えた。

「これがこの物語の教訓なんじゃないかな」

　ブラボー、セレステ！

　彼女は少し間を置いて、こうも続けた。

「次の物語が始まるまでは、の話だけど」

最後のパネルに、
セレステは
ストーリー全体から
得られる教訓をまとめた。
これが、彼女がもっとも
重要だから覚えておいて
ほしいと思うことだ

ビジュアル・デコーダーを作成すると プレゼンでもっとも重要なことがわかる

　これで、セレステのビジュアル・デコーダーは完成だ。

　彼女は15分もかけずに作成し、その短い時間で、視覚的にストーリーを伝えるときのカギとなるものすべてを頭に思い描いた。

　その作業を、紙とペンで6つのパネルを埋めていくというこのシンプルなエクササイズを通じて行ったことで、ストーリーの新たな見方やつながりが見いだしやすくなり、物語の全容をすぐに思い出すことができた。

　さらには、シンプルな絵が描かれたカンニング・シートも手に入れた。このシートがあれば、ストーリーを語って聞かせることに対する不安がきれいに払拭される。

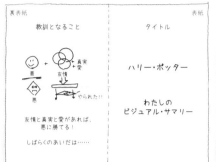

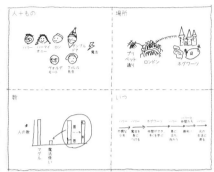

　次のCHAPTERでは、もう１つのビジュアル・デコーダーの例（ビジネスに関係するもの）を紹介するとともに、みなさんにも実際に作成してもらう。

　だがその前に、このエクササイズを行うことが大切な理由を、いま一度説明しておこう。

　まずは何といっても、ビジュアル・デコーダーを埋めることは、ストーリーを語る前の最高のウォーミングアップになる。

　12分ほど確保し、デコーダーの順にストーリーを事前に視覚化すれば、自分が思う以上にストーリーの細部が素早く頭に浮かんでくるようになり、ストーリーについてより深く思いを巡らせられるようになる。

　また、紙に自分のアイデアを絵で表しておけば、記憶する必要がなくなる。忘れていることはないか確かめたくなったら、デコーダーの紙を見て確認すればいい。あなた自身で描いた絵が、あなたの記憶を呼び起こしてくれる。

　こうした理由から、作成したビジュアル・デコーダーは必ず保存しておくこと。あとからピッチを書くときの資料として必要になる。

　そしていちばんのメリットはやはり、ビジュアル・デコーダー

を事前に作成すれば、最終的につくるポップアップピッチの核心である、それを伝えたい「理由」がその時点で明らかになるという点だ。

セレステが6つめのパネルに描いた、彼女の「教訓となること」をもう一度見ればよくわかる。

この最後のパネルは、ストーリー全体から得られる主なことのまとめになるので、6つのなかでいちばん大事なパネルとなる。とはいえ、ほかの5つを先に埋めていなかったら、この最後のパネルには何も描けなかっただろう。

こうした理由から、いきなりピッチを書き始めるのではなく、まずはビジュアル・デコーダーを完成させることをオススメする。

ポジティブな説得としてのピッチで、核心となるのは「理由」だ。内容がどういうものであれ、あなたが語るピッチがなぜ聞き手にとって重要なのか、彼らにどんなメリットがあるのかが何よりも重要なのだ。

そしてその理由は、自分で実感して初めて理解できる。まずは、ビジュアル思考のなかで自分のアイデアを実践してみよう。そうすれば、「立派な理由」があなたのなかに生まれる。

こうして生まれた理由は、それがポップアップピッチの残りの作業をやり遂げる原動力にもなってくれるに違いない。

ビジュアル・デコーダーを作成し
あなたが描いた絵に語らせよう

　いよいよあなたが絵を描く番がきた。

　ビジュアル・デコーダーのつくり方はもうわかったと思うので、ここからはあなた自身で絵を描いて、ストーリーを語る前のウォーミングアップを始めよう。

　私も横で私自身のビジュアル・デコーダーを順に作成するので、描くときの参考にするといい。パネルごとに、その作業の内容とそれを行う理由を解説する。

　それでは、紙とお気に入りのペンとタイマーを用意しよう。

　あなたにとって初となる、視覚でストーリーを語る12分間の始まりだ（このまま読むことに専念したければ、描く作業は遠慮なく飛ばせばいい。いまは絵を描く気分になれないなら、私の作業を見ているだけでかまわない。描く準備ができたと思ったタイミングで、このCHAPTERに戻ってこよう）。

あなたが本当に語りたいストーリーとは？

　あなたが本当に語りたいストーリーを、ここで実際に語ってみよう。絵や図で考えるビジュアル思考の解放には、膨大なカロ

リー消費が伴うのだし、せっかくならあなたにとって意味のあることに消費してもらいたい。

　描いた絵にはぞんぶんに役に立ってもらいたいので、まずはあなたが本当にポジティブな説得を行いたいことについて考えてみてほしい。プレゼンテーションを行う予定があれば最高だ。そこで何を発表するかを起点に考え始めるといい。

　予定はとくにないという人のために、初めてビジュアル・デコーダーを作成する際のスタート地点として、実際に使われたことのある問いかけをいくつか紹介しよう。

◉近々開かれるプレゼンテーションや会議で、とにかくうまく伝えたいと思っていることは何か？

◉職場で共有したいと思っているが、みんなの反応が怖くて伝えられずにいるアイデアはないか？

◉契約をとりたいが、どう話を持っていっていいか考えあぐねている相手はいないか？

◉昇給を交渉してみてはどうか？　あるいは、責任ある仕事をもっと自分に任せるべきだと上司に直訴したい気持ちはないだろうか？

◉家庭に目を向けてみてはどうか？　家族みんなで協力して変えたいことはないか？

　このリストを見て、ピンとくるものがないか確かめてみよう。

　ポップアップピッチは、プレゼンを成功に導いてくれるものなのだから、恐れずに大きなことをテーマにしてほしい。

「人生を一変させるストーリーを描くときがきた」と感じている人は、思い切ってやってみるといい。

　いますぐにでも変えたいと思っていることがあるなら、それを

ストーリーにしよう。

まずは大枠のことだけを考える

語るテーマについて考えるときは、大枠のことだけを考えるようにする。先のリストで考えるとするなら、あなたにとって大事なプレゼンテーションとなるのは何についてのものか。

職場で共有したいアイデアの、どの要素に興味を持ってもらえるか。契約をとりたい相手に売るものは何で、どのくらい売る必要があるか。自分が昇給に値する理由として、わかりやすいものを1つあげるとしたら何か。取り入れたら家族全員の暮らしが快適になるシンプルな習慣は何か、と考えるのだ。

何と言うのか、誰に向かって言うのか、自分や聞き手にどんなメリットや影響が生まれるのかといった細部は、この段階では気にしなくていい。そういう部分を明らかにするために、ビジュアル・デコーダーを作成するのだから。

ざっくりとしたアイデアが頭にあるという状態が、スタート地点としては完璧だ。それでは始めよう。

次に用紙を準備して描く

紙を折って名称を記入した「ビジュアル・デコーダーのつくり方」を思い出し、あなたも紙を1枚用意して同じように準備しよう（忘れた人は81〜83ページをチェック）。

用紙が完成したら、タイマーを2分にセットする。スタートボタンはまだ押さない。タイマーを作動させるタイミングはのちほど指示する。

用紙をつくって　　　ペンとタイマーを準備

それでは、ここからの手順を簡単に説明しよう。

次ページから、私のパネルの描き方について読んだうえで、各自のパネルを描いてもらう。

描くときは、ビジュアル思考を通じて、ポップアップピッチの原型となるストーリーを掘り下げることを意識する。

具体的には、そのストーリーに関係する人やもの、場所、数、時期や時間、理由を手早く絵で表す。

◉手順のおさらい

1　全部で6枚のパネルに対し、パネルの記入に取りかかるたびに2分のタイマーをセットして、時間内でパネルを埋める

2　まずは私のパネルを披露し、パネルに描いた絵の内容やそれを描いた理由を解説する

3　それを読んだのち、あなた自身のパネルを描く。スピーディに描きながら、アイデアを次々に出し続ける。この段階では、出したアイデアを振り返ったり、編集したりはしない。2分という制限時間には意味がある。いいアイデアを記入しても、見直す時間はない。この「見直さない」というのがポイントだ。ビジュアル・デコーダーの作成ではスピードが命だ

4　パネルの記入をすべて終えたら、次のステップを案内する。ここからしばらくは、ビジュアル思考を解放し、そこから生まれたものを絵で表すことに集中しよう

私のパネル1　タイトル（オンライン会議マジック）

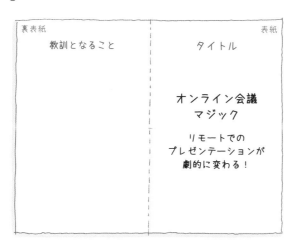

簡単に私の過去を振り返っておくと、かつて私はバンコクのときのようなプレゼンテーションをしょっちゅう行っていた。

プレゼンの腕が上達すると、同じ企業から繰り返しプレゼンを頼まれるようになった。世界中に出向き、さまざまな人、業界、文化のなかで、時には英語以外の言語を使ってプレゼンを行うこともあった。

そんな日々を送るなかで、私は発表が楽しくなるコツはもちろん、何といっても発表を聞いている人が楽しめるコツをたくさん習得した。

時には旅費を払えないというクライアントがいたので、10年ほど前から、ウェブを介して対面で行うのと同じプレゼンを視聴できるサービスを開始した。

そうしてウェブを介したプレゼンと、その動画の撮影を何百回となく行ううちに、オンラインでのプレゼンを楽しいものにする

という新たなスキルも習得した。

　そのおかげで、ここ数年で世の中がオンライン会議にシフトしても、私は何も困らなかったが、クライアントや同僚や友人が慣れないリモート会議で四苦八苦していると知り、私が厳選した本当に役立つスキルだけを超速で学べるコースを新たに設けると心に決めた。

　そしてコースの名称を、「オンライン会議マジック：リモートでのプレゼンが劇的に変わる！」とした。私はビジュアル・デコーダーを使って、このコースの全容を明らかにしたい。

　こうした理由から、私のビジュアル・デコーダーのタイトルは「オンライン会議マジック」となった。

◉あなたのパネル１
タイトルは何にする？

　さあ、タイマーをスタートさせよう。制限時間は２分だ。

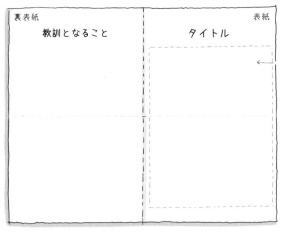

　これから掘り下げて伝えたいと思っているアイデアに、短い言葉でタイトルをつける。

　実施予定のプレゼンの中身、売りたいものの名称、昇給を求めているという事実、家庭内で習慣にしたいことなど、簡潔に伝えるものであればいい。

　タイトルに正解も間違いもない。これを見るのはあなただけなので、賢く見せようとする必要もない。

　ストーリーの全容が伝わるタイトルになっていなくてもかまわないし、わかりやすいかどうかといった心配もいらない。

　タイトルの考案に、２分をフルに活用する。時間が余った場合は、タイトルに続けてこのストーリーを語る理由や、このストーリーが役に立つ人を示唆する言葉も書きとめるといい。

　タイトルの記入がすんだら、用紙を開いてデコーダーの内側を見えるようにする。

　そしてタイマーをリセットする。

私のパネル2　人＋もの

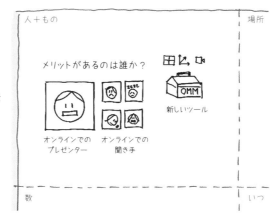

セレステが
ハリー・ポッターの
ビジュアル・デコーダーを
作成したときと同じく、
私もこの提案で
もっとも重要となる
「人ともの」を絵で表す
ことから始めた

私は長年の経験から、ストーリーの視覚化をスムーズに始める
には、主な登場人物を特定し、彼らの絵を描き、名称をつけるの
がいちばんだと学んだ。

セレステが描いたハリー・ポッターの登場人物の顔のように、
円を描いてそれに最初に浮かんだ人物の名前をつける。

その人物のことを考えながら、目と口、場合によっては髪の毛
を描き足す。細部には10秒もかければ十分で、自分がわかれば
それでいい。

最初に浮かぶ人物は、「あなた自身」かもしれない。それでも
何の問題もない。あなたのストーリーの主役は、たいていあなた
だ。私の場合もそうだった。

「人＋もの」のパネルに、私はまずオンラインでのプレゼンター
として、疲れているときの自分を描いた。

ちなみにこの顔は、近ごろ会うほとんどの人の顔でもある。

　それから、オンラインでの聞き手の典型である４つの顔を描いた。「退屈そうな人」「寝ている人」「スマートフォンに気をとられている人」「不安でいっぱいの人」だ。

　いずれも、昨今におけるオンライン会議の狂騒に耐え忍んでいる人々を象徴する顔だ。彼らは私が提供する新サービスで救える可能性のある人たちなので、とても重要な存在だ。

　５つの顔を描き終えてもまだ１分残っていたので、人以外でストーリーのカギを握る「もの」は何かと自問した。

　そして、オンライン会議マジック（Online Meeting Magic）の頭文字である「OMM」と記したツールボックスを描いた。

　これは私が提供する製品（コース）を意味し、聞き手となる人たちに活用を始めてもらいたいものである。

　そこまで描いたら２分になった。

◉ あなたのパネル２
「人＋もの」には、３人以上描く

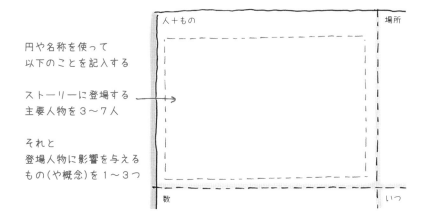

あなたの「人＋もの」のパネルには、ストーリーに関係する主な登場人物を3人以上描く。

　たとえば、あなた自身、ストーリーを聞いてほしいと思っている人たち（ターゲット層）、あなたのアイデアにもっとも影響を受ける人たち、問題を抱えて苦悩している人たちなどだ。

　個人を指す名称（例：私、ハグリッド）でも、特定のグループを表す呼称（例：ひげのある魔法使い、技術販売チーム）でもどちらでもいい。

　いずれにせよ、できるだけ具体的に思い浮かべて、その人物やグループの特徴となるものを絵で表す（帽子をかぶせてそこに名称を記すとわかりやすい）。

　人物の絵はパネルのどこに描いてもよく、関係性や影響力、共通点などを示す必要はない。

　とにかく、円と名称をたくさん記す。

　そして残り30秒になったら、描いた人物やグループに共通する特徴、特定の人やグループを象徴するもの、彼らが望むもの、彼らが手にしたら役に立つものなどを描く。

　それはお金かもしれないし、愛情、幸福、車、あなたが販売する製品かもしれない。

　何にせよ、あなたが語るストーリーで重要な役割を担うものを描くことになるはずだ。

　描き終えたらペンを置き、タイマーをリセットしよう。

私のパネル3　場所

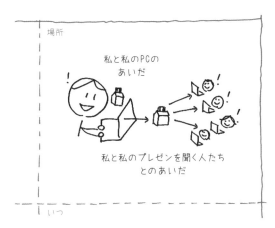

場所

私と私のPCの
あいだ

私と私のプレゼンを聞く人たち
とのあいだ

このパネルには、
私が提供する
新たなコースが
価値をもたらす場所を
シンプルな図で示した

いつ

　このパネルでは、パネル2に描いた人物やものが存在する場所、それらの関係性や共通点を描いて明らかにする。

　人やものの位置づけを描くのだ。

　私は、OMM という製品が、プレゼンターにも聞き手にも役に立つことを絵で表そうと考えた。

　具体的には、先ほど疲れた顔に描いたプレゼンターを、こちらではノートパソコンに笑顔で向かう姿にし、プレゼンターとノートパソコンのあいだに OMM ツールボックスを描いた。

　これにより、そのツールボックスにはコンピューターで事前に会議の進行を組み立てるときに役立つものが入っていると示したのだ。

　それからプレゼンターの右側に、先ほどと同じ4つの聞き手の顔を描いた。ただし、彼らもプレゼンターと同様に、笑顔で会議に集中している顔にした。

なぜ彼らは笑顔で会議に集中しているのか？

いい質問だ。パネルを見てわかるように、OMMはプレゼンテーションそのものを、聞いていて楽しいものに変えることもできるからだ。

パネル３の記入は以上となる。

２分間で、私は登場人物の位置づけを明確にすることができた。彼らは、プレゼンターと聞き手という別々の立場にあり、どちらの立場にもOMMが共通して役に立ち、彼らを笑顔にする。

それではあなたのパネルに移ろう。

◎ あなたのパネル３
「場所」には、関係性や共通点を描く

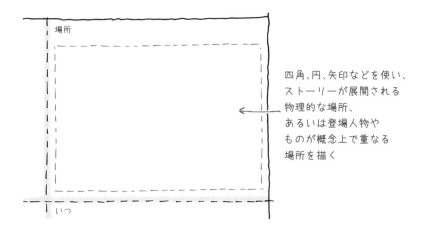

四角、円、矢印などを使い、ストーリーが展開される物理的な場所、あるいは登場人物やものが概念上で重なる場所を描く

　ストーリーを動かす人物やものを把握したら、次はそれらをあるべき場所に置く。要は位置づけを明確にするのだ。

　パネル２では、登場人物の名前や属性に関係するものだけを明記したが、パネル３では、それらが存在する場所やそれらの関係性、共通点や重なる部分を明らかにする（ビジョン・キューブのところで出てきた、空間をとらえる「視覚の経路」を通じて得た情報を考慮するということ）。

　ここで描く図にはいくつかのパターンがある。

　重なる部分を示すときは、複数の円が重なり合うベン図が便利だ。とはいえ、セレステのように地理情報を絵にしてもいいし、私のように概念的な図を描いてもいい。

　いずれにせよ、シンプルな図から描き始めることを心がけるといい。重なり合う円をいくつか描いて矢印で関係性を示し、適切な位置に登場人物を描けば十分だ。

　ビジュアル・デコーダーを何度か描くうちに、このパネルで描く図のパターンが増えていく。上達すれば、図を２つ描けるようになることも夢ではない。

　人やものにつながりが生まれていない現状を「ビフォー」とし、問題を検討したうえで効率性や快適性が向上する位置づけを表したものを「アフター」として描くこともできるだろう。

　記入を終えたらペンを置き、タイマーをリセットしよう。

私のパネル4　数

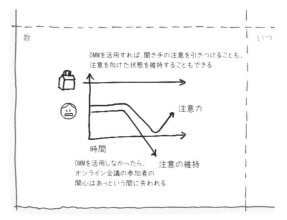

このパネルには、
私が提供する
新たなコースを通じて、
仕事に関係する
特定の成果が具体的に
どう改善しうるかを示す
グラフを手早く描いた

「数」のパネルでは、「場所」から「数字」に思考を移すので、唐突にギアが切り替わったような感覚になることを覚悟してもらいたい。なぜそうなるかというと、「位置」に関する視覚処理から、「数」に関する視覚処理に焦点が移るからだ。

何かにぶち当たったような感じを少々覚えるかもしれないが、それはいい変化だ。その変化により、ストーリーにとって重要な新しい視点が生まれる。

私はパネル3で、リモート会議の参加者が笑顔でプレゼンテーションに集中している姿を描いたので、こちらでは注意力や集中力が向上した「度合い」を示したいと考えた。

シンプルなグラフでOMMを活用した場合に生まれるメリットの度合いを視覚化すれば、私が提供するツールが具体的に生み出す成果の一端をわかってもらえるに違いない。

そして、私はどうしたか？　まずは、横軸を「時間」、縦軸を

「プレゼンターと聞き手」にしたシンプルなグラフを作成した。
そして左から右に伸びる2本の線を描き、それぞれに「注意力」
「注意の維持」と書き添えた。

　いずれの線も、典型的なオンラインでのプレゼンテーション
は、時間がたつにつれて聞き手の注意が向かなくなり、注意を向
けた状態を維持できなくなると示すものだ。

　この2本の上部に、「OMM」を活用した場合を表す線を追記
した。この線は、先に描いた2本と違って完全な直線だ。

　つまり、OMMを活用すれば、プレゼンを行っているあいだ
じゅう、聞き手の注意を維持しやすくなると示している。

　これこそがOMMの真価であり、オンラインでの会議やプレ
ゼンテーションに参加する人々の集中力が目に見えて高まる。

　それではあなたのパネルに移ろう。

◉ あなたのパネル4
「数」には、増減するものを描く

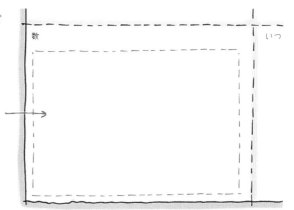

線、図形、矢印、数字など
を使ってグラフを描く

グラフを使って、
ストーリーの中心的な
存在である何かの量や
数を表す

グラフに限らず、
ストーリーに出てくる
重要な数字や指標も
記せばいい

数　　　　　　　　　　　　　　　　　　いつ

あなたのストーリーのなかに、シンプルなグラフでわかりやすく示せる大事な要素が何かないだろうか？

　あなたが提案するものを導入したときに、目に見えて改善するものがあると示すことはできないか？

　あるいは、増える（高まる）ものはないかと考えてもいい。

　お金、時間、顧客、安全性、手軽さ、快適さ……。これらはいずれも改善を示す便利な指標となる。こういうものをグラフで表すと、線がすべて上向きになるので描いていて楽しいし、この種のグラフは誰からも好まれる。

　それから、減るものについても考えてみてほしい。

　何かが減ると示すこともできるのか？　答えはもちろんイエスだ。減るとうれしいものもたくさんある。

　たとえば、摩擦、時間、コスト、苦痛、混乱など。こちらのグラフは下降するが、これもまた定量化して描くのが楽しい。

　「数」を示すグラフでは、上昇と下降の両方を描くケースも出てくるだろう。

　あなたのストーリーのなかに、目に見えて改善するものと、目に見えて最小化するものの両方が出てくるだろうか？

　上昇する線と下降する線を組み合わせたグラフを作成すると、まったく新しい切り口が見えてくるかもしれない。

　グラフを描くときは、形についても考慮しよう。

　グラフとひと口に言っても、棒グラフ、円グラフ、株価チャートなどいろいろある。このパネルを通じて、脳で数について考え、ストーリーの重要なプレーヤーとして数字を加えるのだと覚えておいてほしい。

　あなたの頭には、どんな数字が浮かぶだろうか？

　それでは2分かけて作成しよう。描き終えたらペンを置く。

　さあ、残るパネルはあと2つだ。

私のパネル5　いつ

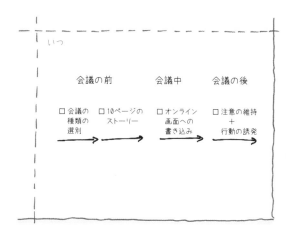

「いつ」のパネルには、
OMMツールが役立つ
ポイントを3つの段階に
分けて示したシンプルな
時系列を描いた

　5つめのパネルは「いつ」で、すべての情報をまとめ、ストーリーを語るうえで欠かせない展開をシンプルな時系列で描く。ここでの描画は楽しいし簡単だ。

　ストーリーに不可欠な情報は、ここまでのパネルですべて特定ずみなので、あとはそれらを整理して順に並べ、どうなるかを見守ればいい。

　誰が誰に何をするのか、それによって何が起こるのか、登場人物にどんな影響が生まれるのか、といったことを明確にするのだ。

　私の場合は、OMMコースを受講したのちにプレゼンターとしてできるようになることをすべて網羅したかった。なので、プレゼンをしたことがあれば誰でも理解できる3つの段階に分けた時系列を作成し、**会議の前**に行うこと、**会議中**に行うこと、**会議の後**に行うことを明らかにした。

具体的には、OMMで学んだことが各段階でどう役立つかを明記した。

「会議の種類の選別」と「10ページのストーリー」は準備に、「オンライン画面への書き込み」は会議中の聞き手の集中力を高めるのに役立ち、聞き手の注意力が長く続くようになれば、会議後に彼らが進んで行動に移すモチベーションが高まる。

　このシンプルな時系列の作成をもって、「オンライン会議マジック」を紹介するストーリーは完成した。

　次はあなたの番だ。

◎あなたのパネル5
「いつ」には、起きたことを順に描く

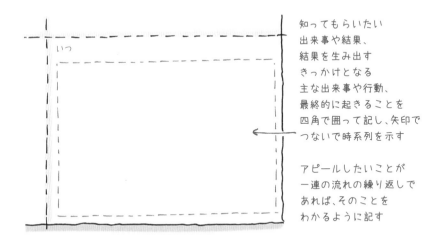

知ってもらいたい
出来事や結果、
結果を生み出す
きっかけとなる
主な出来事や行動、
最終的に起きることを
四角で囲って記し、矢印で
つないで時系列を示す

アピールしたいことが
一連の流れの繰り返しで
あれば、そのことを
わかるように記す

　これまでに作成したパネルを振り返ってみよう。

　ストーリーに登場する人たちを特定し、彼らが存在する場所やとる行動を把握し、彼らが体験する何らかの変化を数値で表した。

　残るは、起きたことを順に描き、次に何が起こるかを最後に描くだけだ。

　セレステと私がしたように、ストーリーの土台となる時系列を作成するといい。主な出来事を起こる順に矢印でつなぐのだ。

　このパネルも作成時間は2分と短く、描くスペースにも限りがあるので、描くものは厳選する必要がある。

　まずは、主な出来事はどのような順序で起こるか、大事な結果をもたらすきっかけとなる出来事は何か、最終的な結論はどのようなものになるかを考える。

　5〜7つの出来事にまとめることを目指そう。ストーリーを語るうえで、これだけの数の出来事があれば十分だし、作成時間の短さを思えば妥当な数だ。

　準備ができたら、タイマーをスタートさせて描き始める。

　描き終えたら、用紙をひっくり返して裏表紙を上にしよう。

私のパネル6　教訓となること

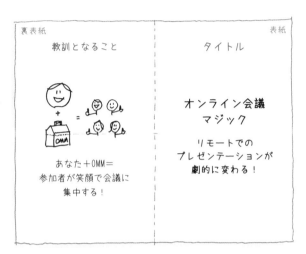

最後のパネルには、
このストーリーを
聞く人たちに
覚えていてほしい
ものを描いた

裏表紙　　　　　　　　　　　　　　　　　表紙

教訓となること　　　　　　　　タイトル

あなた＋OMM＝
参加者が笑顔で会議に
集中する！

オンライン会議
マジック

リモートでの
プレゼンテーションが
劇的に変わる！

　ストーリーを語るのには理由がある。セレステのハリー・ポッターのストーリーにせよ、私の新たなコースを売り込むストーリーにせよ、上司に昇給を訴えるストーリーにせよ、そこには必ず伝えるべき教訓となることがある。
「みんなでうまく協力すれば、巨悪を打ち負かすことができる」とセレステは言い、「事前の準備の質を上げれば、プレゼンテーションの質も上がる」と私は言う。
　昇給を上司に訴えるあなたはきっと、「能力と報酬がもっと連動すれば、これまで以上に仕事で貢献できるようになる」と主張するだろう。
　どんなストーリーにも、教訓となることは必ずある。
　ところが、会議やプレゼンテーションになると、本当に届けたいメッセージは何なのか自分でわからなくなる。たいていの会議が失敗に終わるのはそのためだ。プレゼンテーションをよくした

いなら、プレゼンから得られる最大の教訓を事前に把握すること
が、いちばん手っ取り早い。

　ビジュアル・デコーダーを作成すれば、12分で自分が語るス
トーリーの教訓が簡単に見つかる。

　私はオンライン会議マジックに関する5つのパネルを記入した
おかげで、伝えたい教訓が何なのかはっきりとわかった。

　それは極めてシンプルで、「オンラインでプレゼンテーション
を行う人は、OMMを受講すれば聞き手を笑顔で集中させられる
ようになる」ということだ。

　それが実際に可能であるということは、これまでに描いたパネ
ルで証明ずみだ。これで私のビジュアル・デコーダーは完成し
た。

　さあ、あなたのものも完成させよう。

◎ **あなたのパネル6**
　「教訓となること」には、覚えておきたいことを描く

裏表紙	表紙
教訓となること	タイトル

これが最後の
パネルとなる。
ストーリーから
あなたが得た
大事な教訓を
ここに記そう

聞き手に
覚えておいて
もらいたいこと
なら、なおいい

どんなストーリーにも教訓となることは必ずある。あなたのストーリーでそれにあたるのは何だろう？

　いま一度、ここまでに作成したパネルにざっと目を通そう。

　これまでに描いた「登場人物」「彼らの位置づけ」「彼らに関係する数字」「彼らの交流」「交流によって生じる結果」というすべてを見て、いちばん覚えておきたいと感じるものは何か？

　さらに、ビジュアル・デコーダーを誰かに見せたときのことを想像してみてほしい。

　その人に覚えておいてほしいと思ういちばん大事なことは何か？

　それでは、最後のタイマーをスタートさせよう。

　教訓となることは、絵でも文字でもどちらで表してもいい。それはもう、この用紙に描かれている。

　つまり、あなたの頭のなかにすでにあるのだ。

◎ これで完成！

あなたの初めてのビジュアル・デコーダーが完成した。

12分という短い時間で、ビジュアル思考を働かせた結果、あなた自身の考えの知られざる新たな一面を発見したことだろう。

ビジュアル思考で頭が十分にほぐれ、ストーリーはいつでも発表できるものとなり、あなたの発表に不可欠なピースはすべて出揃った。

とはいえ、ピッチを書き始める前に、やるべきことがもう1つある。このデコーダーを誰かに見せるのだ。

ビジュアル・デコーダーを誰かに見せ 描いた絵に語らせてみる

完成したビジュアル・デコーダーを手にとって、じっくりと眺めよう。そこに広がるのは、あなたのビジュアル思考が働いた結果だ。

それを見れば、あなたがすでに何をわかっていたかが簡単にはっきりと確認できる。

そうしてストーリーとの絆を深めたら、信頼する人にデコー

ダーを見せて意見を求めよう。

　デコーダーを見せながら、そこに描かれた絵にもとづいて語るのだ。描いた順に解説し、あなたのアイデアがどういうものか伝えよう。

　説明は5分以内で行う。パネルに描いたものについて順に語るときは、1つのパネルにつき数行ほどで説明する。

　実際に話してみると、ストーリーがきちんと流れること、重要な要素を漏れなく網羅していること、聞き手が最後までしっかりとついてこられることが確認できるほか、これなら聞き手は退屈しないと自信を持てるはずだ！

　なぜそうなるかというと、ビジュアル・デコーダーの導きによって、人間の視覚システムが知覚の流れに完璧に合致するようなストーリーに仕上がるからだ。

　魔法のような力が働くといっても過言ではなく、その魔法はビジュアル・デコーダーを作成するたびに発動する。

　誰かに見せて説明する時間は、あなたがずっと訴えたかった問題の核心を目と耳で確認するチャンスだととらえてほしい。

　デコーダーを見ながら順序立てて語っていると、聞き手の注意をつかむイメージや言葉、注意をつかんだ瞬間がわかる。

　デコーダー上でそれらに丸印をつけておこう。

　語り終えたら、聞いてくれた相手に感想を尋ねる。

「筋は通っていたか」「真実味を感じたか」「解決したい問題は明

確だったか」という質問におおむね「イエス」の答えが返ってきたなら、安心して次のCHAPTERに進めばいい。

そうでなかった場合は、見落としていることや混乱を招くもの、真実味に欠けると思わせたものを明らかにする。

ビジュアル・デコーダーに戻り、何かを描き加えるか修正するかして改善を試みよう。

人やものを加えたらよくなるのか、位置づけに関する情報をいくつか足したらよくなるのか、指標を変えてみるのはどうか……。

この時点で絵を描き加えることは本当に簡単にできるので、必ず改善を試みること！

ただし、この段階で編集や仕上げにのめり込むのはよくないので、その点には気をつけてほしい。

ポップアップピッチの最終ゴールは、あなたのアイデアの「いちばん小さい有望な試作品」のような存在になることだ。

最初の聞き手となった人から、ビジュアル・デコーダーに対して「うまく描けているね。言いたいことがよくわかる」といった評価をもらえたら、修正作業はやめればいい。

デコーダーの完成だ。

おめでとう。これで１時間目は終了だ。
それでは少し休憩しよう。

CHAPTER 5

休憩して描いた絵を
しばし寝かせよう

散歩しながらピッチの材料を漬け込む

このCHAPTERでは手短に復習を行いたい。

ビジュアル・デコーダーの作成で視覚に多大なエネルギーを費やしたのだから、新鮮な空気を吸って頭を整理しよう。

ビジュアル思考をいったん休ませて、私のお気に入りの散歩コースを散策しながら、私がつくった別のストーリーを読んでもらいたい。次に行うことを理解するためのストーリーなので、これを読めば、先ほど絵を描いた時間がピッチを書く2時間目にどう直接関係するかがよくわかると思う。

ポップアップピッチを料理だとすると、いまは買い物と材料の下ごしらえが終わった段階だ。コンロに火をつけて本格的な調理を行う前に、材料をしばし漬け込むとしよう。

　サンフランシスコの私が以前住んでいた家のそばに、小さな湖があった。

　その水面には、1906年に起きた大地震からの復興を記念して100年ほど前に建てられた「パレス・オブ・ファイン・アーツ」の姿が映し出される。

　サンフランシスコに素敵な名所は数あれど、この湖は本当に絵のように美しく、週末になると観光客が写真を撮りに押し寄せる。

　だが平日の早朝は誰もいないので、湖畔の歩道は静寂に包まれている。私はそこに住んでいたあいだ、出社する前にイヌを連れて湖のまわりを15分ほど歩くのを日課にしていた（この経験から、CHAPTER3のイヌの散歩の例がひらめいた）。

　娘たちを起こして学校に送り出してから、仕事が始まるまでのあいだに行う散歩は、前日の記憶をたどりながらその日待ち受けていることに思いを馳せるのにもってこいで、その時間を振り返りと準備にあてていた。それは朝の癒しのひとときだった。

　では、今度はあなたの番だ。

　落ち着くと同時に、思考が捗ると感じるお気に入りの散歩道を歩いているときのことを思い出そう。そして私が湖の絵を描いたように、あなたにも癒しの散歩コースを絵で表してもらいたい。

　そうして散歩に出かける準備が整ったら、そこを歩いていると想像しながら続きを読み進めていってほしい。

　これから10段階に分かれたストーリーを紹介する。

　それは、1時間目に行ったことと、2時間目でこれから行うことをまとめたものだ。

　まずは絵を見てもらい、それから文章で説明しよう。

1. ひらめいた！

2. いいアイデア
   だからほかの人にも
   教えたい

3. ただ、ちょっと
   ごちゃごちゃ
   している……

4. アイデアが彼らに
   「伝わ」ったら、きっと
   喜んでもらえるだろうな

5. でも、ごちゃごちゃした
   ままだと受け取って
   もらえない

6. じゃあ、素敵な
   ストーリーに仕立て
   たらどうだろう？

7. ストーリーを使う例は
   たくさんあり、この手法は
   広く知られている

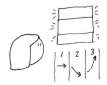

8. 所定の感情の起伏が
   伴う旅として描こう

9. 感情の起伏を伴う旅に
   すれば、ストーリーは
   わかりやすくなり、
   話すのも楽しくなる

10. そうすれば、最後まで
    話を聞いてもらえて、
    聞いた人はそれを覚えて
    いてくれる！

これまでのまとめと今後の展望を10段階に分けてスケッチで表したもの

10段階に分かれたストーリー

文章で表すと次のようになる。

1　ひらめいた！

ビジュアル・デコーダーを作成したときのことを思い出してほしい。

あれほど素早く、あれほどたくさんのスケッチを描くことができて、正直驚いたことだろう。

作成したという経験は、自分の頭のなかに素晴らしいアイデアがたくさん浮かんでいることや、スケッチを描けば大事なポイントを1つずつ掘り下げて、クリアにできることを思い出させてくれるありがたい存在だ。

2　いいアイデアだからほかの人にも教えたい

最初に浮かんだアイデアを紐解くと、アイデアというのはいくつもの要素から成り立ち、それらが1つにまとまっておもしろいものになるのだとわかるはずだ。

あなたのアイデアは素晴らしいものであり、だからこそ、もっと多くの人たちに知られるべきだ。

3　ただ、ちょっとごちゃごちゃしている……

ビジュアル・デコーダーにはたくさんの情報が記されているが、まだ完成はしていない。

だが、自分のアイデアについて、これまで以上によくわかってはいる。人やもの、位置づけ、数値、一連の流れについて考えたうえでスケッチし、必要不可欠な要素や視点は洗い出したが、聞

いてほしい人たちに伝える準備はまだ整っていない。

4　アイデアが彼らに「伝わ」ったら、きっと喜んでもらえるだろうな

あなたはこう思っているはずだ。

ほかの人たちも、あなたと同じ視点かつ同じ理解度で、このアイデアについて知ることができたら、あなたの言い分に心を動かされ、あなたの考え方に賛同したくなるか、少なくともあなたの話を最後まで聞いてくれるに違いないと。

5　でも、ごちゃごちゃしたままだと受け取ってもらえない

しかし、問題が1つある。アイデアを知ってほしい人たちは忙しいし、彼らには彼らなりの考え方がある。

彼らは自身のことだけで頭がいっぱいなのだから、あなたの話に注意を向けさせることは、この段階では難しい。

彼らに心から満足してもらえるプレゼンテーションにするための材料がすべて揃っていても、他者から見れば、それだけでは荒削りの中途半端なものでしかない。

6　じゃあ、素敵なストーリーに仕立てたらどうだろう？

アイデアについて知りたいと思ってもらうには、プレゼンテーションの見た目をよくする必要がある。

箇条書きによるまとめ、ビジネスプランの構築、パワーポイントを使ったスライドショーはその典型だ。

だが、あなたのアイデアに、そういう「ありきたり」な手法はふさわしくない。もっといい見せ方がある。

影響力の大きなアイデアを持つ先人たちは、何千年も前から知っていた。アイデアへの同意を得るには、ストーリーを介して

伝えるのがいちばんだということを。

あなたのアイデア、そしてそれを聞く人たちにも、素敵なストーリーの恩恵を味わってもらおう。

7　ストーリーを使う例はたくさんあり、この手法は広く知られている

人間は、昔からいまも変わらずストーリーを語り続けている。

神話や映画、スピーチ、小説、キャンプファイアを囲んで語る物語、説教、セールスピッチというように、ストーリーとひと口に言ってもさまざまあり、しっかりとした様式が定まっているものも多い。

だからといって、真似できるストーリーを探し求めることに貴重な時間をムダにしてほしくない。

そこで、あなたにストーリーのフォーマットを1つ授けよう。

そのフォーマットは、短時間で説得する必要があるときに、聞き手の注意を勝ち取れると実証されたものなので、安心して使ってもらいたい。

8　所定の感情の起伏が伴う旅として描こう

影響力の非常に強いストーリーに目を向けると、何度も繰り返し語られてきたものは、いずれもよく似たフォーマットに当てはまる。

中心となるアイデアを、1つの旅として語るのだ。

その旅には必ず、「始まり」「中盤」「結末」がある。

そして旅への関心を高めるべく、所定の感情の起伏が起こるポイントが意図的に組み込まれている。

この方程式に目新しさはない。あまりにも昔から使われすぎていて、私たちのDNAに組み込まれていると感じるほどだ。

9　感情の起伏を伴う旅にすれば、ストーリーはわかりやすくなり、話すのも楽しくなる

アイデアをこのフォーマットに落とし込めば、アイデアが自ら語り始めるようになる。

ピタリとフォーカスが合わさって、たちまち中身がクリアになっていく。しかも、その作業はとても楽しい。

ビジュアル・デコーダーに描いたスケッチをストーリーに変換すれば、デコーダーに記した登場人物、主な出来事、ターニングポイント、教訓が、ストーリーのなかで自らの役割をまっとうする。

10　そうすれば、最後まで話を聞いてもらえて、聞いた人はそれを覚えていてくれる！

作家に向けた古い格言に、「楽しんで書けば、読者は楽しんで読む」というものがある。

かける時間はわずかでも、アイデアに旅という衣をまとわせれば、聞く人たちはその世界に喜んで入り込み、理解しようとする。しかも、忘れることなくそれを持ち帰り、まわりに広めてくれる。

　ここからはいよいよ後半に入り、旅の創作が始まる。

　旅にもいろいろあるが、どのフォーマットを使うのか？

　その答えは歴史が教えてくれる。みなさんに早くお見せしたくて仕方がない。

　これで準備はすべて整った。

　いよいよ調理を開始しよう。

10ページピッチを
つくる

HOUR 2

10ページピッチ

ポジティブな説得を実現するまでのロードマップ

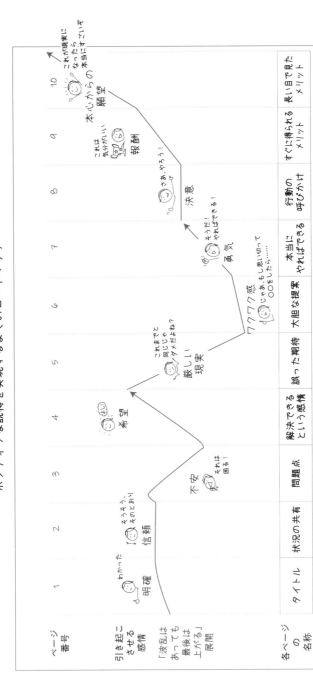

これが10ページピッチのフォーマットだ。2時間目は、このフォーマットに則して1ページずつ埋めながらストーリーを語ることになる

>> CHAPTER 6

10ページピッチを理解し
ストーリーを語る準備をする

　このCHAPTERでは、視覚的な情報を引き出そうとする思考から、厳密に定められたフォーマットに則して口頭でストーリーを語る思考へと切り替えてもらう。

　その手始めに、これから以下の3つについて話をする。

1　まずは「ストーリーの究極のフォーマット」を紹介する。このシンプルなフォーマットは、説得のツールとして頼りになる存在だ。レポートや情報の提出を急に求められても、フォーマットがあれば、そのつど書式をつくる手間がかからない。ストーリーもそれと同じで、フォーマットがあれば、説得力のあるプレゼンテーションを行いたくなったときに、一から展開をつくる必要がなく、フォーマットに当てはめるだけでよくなる

2　次に、この普遍的なフォーマットの起源を紹介するとともに、ポジティブな説得が必要となる会議の場で、このフォーマットに則したストーリーが非常に効果的な理由を、感情、認知、構造の面から明らかにする

3　そのうえで、紹介するフォーマットの構成要素を1つずつ順に見ていきながら、創造性と独創性に富んだ説得力の高いピッチのつくり方をお教えしよう。本当にフォーマットに従うだけ

で、ストーリーができあがる

　ポップアップピッチの土台となる唯一無二のフォーマットについて詳しく見ていく前に、それが生まれた経緯を説明しよう。

　背景がわかれば、このフォーマットが高い効果を発揮する理由もよくわかるはずだ。

　私は、長年にわたってビジネス用のプレゼンテーションに耳を傾けるとともに、そうしたプレゼンテーションを行ってきた。その数は数百ではきかない。

　強く印象に残ったものはそれなりにあるが、すぐさま行動を起こしたくなったものは少なく、いまだに影響を受け続けているものとなると、片手で数えられるほどしかない。

　私自身の一部のプレゼンも含め、そのほとんどは、終わったとたんに忘れてしまった。ただし、メモは必ずとった。プレゼンに関するさまざまなことを書きとめていた。何がいいプレゼンで、何がそうでないかを何としても知りたかったのだ。

　結局、1000回のプレゼンテーションが私に教えてくれたいちばん大切なことは、自分のプレゼンに注意を向けてもらうということで、さらに自分のプレゼンを通じて行動を起こしてもらいたいのであれば、ストーリーを語ればいいということだった。

　では、いったいどんなストーリーを語ればいいのか？

ストーリーは 大きく4つに分かれる

　ストーリーの数は無限にあるが、「ストーリーの構造」の種類は片手で数えられるほどしかない。そう気づいたとき、私は驚くと同時に当然のことだと思った。

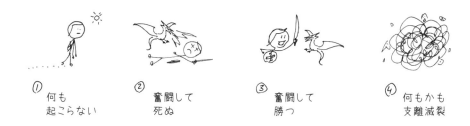

① 何も
　起こらない

② 奮闘して
　死ぬ

③ 奮闘して
　勝つ

④ 何もかも
　支離滅裂

ストーリーの基本パターンはこの４つ

　何年ものあいだ、ストーリーを読み、聞き、観るときに、言葉の背後に潜む構造に注意を払ってきた結果、どんなストーリーも４つの基本パターンのどれかに当てはまるといっても過言ではないと確信した。

　必ずといっていいほど、「何も起こらない」「奮闘して死ぬ」「奮闘して勝つ」「何もかも支離滅裂」のどれかになるのだ。詳しく説明しよう。

　あなたが聞いたストーリーをスケッチで表し、その全容を明らかにして、ほかのストーリーとの違いを理解したいと思うなら、左から右に向かって引く線で表すといい。

　いいことがあれば上、悪いことがあれば下というように、線を上下させてストーリーを描くのだ。

　このやり方で、先ほどの４つの基本パターンを表すとどうなるか。

　１つめは「直線」、２つめは「上下しながらも最終的には下降をたどる線」、３つめは「上下しながらも最終的には上昇する線」、４つめは「どこに向かっているかわからない支離滅裂な線」となる。

平坦

波乱があって下がり続ける

波乱はあっても最後は<u>上がる</u>

ストーリーの４つの基本パターンは、
「平坦」「波乱があって下がり続ける」
「波乱はあっても最後は上がる」
「支離滅裂」で表せる

支離滅裂

◉平坦なストーリー

　平坦なストーリーは巨大な砂漠のようなものだ。

　始まりがあって終わりもあるが、その間に感情の起伏は生まれない。何か起きているのに、なぜか「何も起きていない」ようにしか感じない。

　同じことの繰り返しが綴られた夏休みの日記。ずっとジャガイモの皮を剥いていたという祖父の戦争の話。いつも同じ内容の四半期報告書。

　こうしたストーリーを提示されても、残念ながらあまりにも退屈すぎて、起きることにまったく関心が向かない。

　聞く人の心を動かしたいなら、この種のストーリーは語るべきではない。

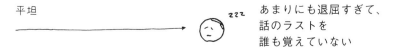

平坦

あまりにも退屈すぎて、
話のラストを
誰も覚えていない

⊚ 波乱があって下がり続けるストーリー

　2つめのパターンは、平坦に始まってその後いくつかの困難に
ぶち当たる。困難を迎えるたびに状況は悪化し、最悪に向けて加
速していって何もかもがダメになる。

　この展開に該当するストーリーは、「波乱があって下がり続け
るストーリー」と呼ぶことにしよう。誰ひとり助からない大災害
から目が離せないように、これは「見ているぶんには興味深い
が、自分では絶対に体験したくない」というストーリーだ。

　シェイクスピアの悲劇や、遠くに砂埃が舞うなか、思い出を胸
に抱いて生きていく人が映し出されるシーンで幕を閉じるロード
ムービーなどがこれに該当する。

　涙、苦悩、罪悪感を引き起こすにはうってつけだが、聞いた人
を前向きな気持ちにさせたいときに語るストーリーは、これでは
ない。

波乱があって下がり続ける

つらい結末に向かう
ドキドキする旅

◎波乱はあっても最後は上がるストーリー

　3つめのパターンも、平坦に始まっていくつかの困難にぶち当たるが、その後、奇跡的に持ち直し、素晴らしい最後を迎える。

　この展開に該当するストーリーを「波乱はあっても最後は上がるストーリー」と呼ぼう。

　これは感情に訴える類いのストーリーで、感情の起伏が視聴者の注意をとらえて退屈を遠ざける。おまけに前向きな結末を迎えるので、視聴者は「やればできる」という感覚に満たされる。

　この種のストーリーは、神話やハリウッド映画、小説によく見受けられ、視聴後は足取りが軽くなり、不可能なことは何もないという強い気持ちが生まれる。

波乱はあっても最後は上がる　　　　　前向きな結末に向かう
　　　　　　　　　　　　　　　　　　ドキドキする旅

◎どこに向かうかわからないジェットコースター

　4つめのパターンは支離滅裂だ。

　混乱した状態から始まったと思ったら、ぞっとする展開が繰り広げられ、思いがけない急転直下が待ち受け、結局は始まりの地に帰着する。最後まで視聴しても、いったい何が起きたのかと頭のなかで疑問が渦巻いたままだ。

　この種のストーリーは、カフカ、ダダイスト、シュールレアリスムの作家たちの作風として知られる。

　遠くから眺めるぶんには素晴らしいストーリーに思えるかもしれない。

　だが、実際に目の当たりにすると、幻覚や車酔いのような感覚に苛まれる人が多いため、ソファーの下に隠れたくなることは別にして、何かをすることに前向きな気持ちにさせるには不向きだ。

支離滅裂

車酔いのような気分に
なる不快な旅

4つの基本パターンのうちで
説得に最適なストーリーはどれか?

　有名な童話に登場する「ゴルディロックス」という名の金髪の主人公は、「熱すぎるお粥」「冷たすぎるお粥」「ちょうどいいお粥」の３つを見つける（そしてちょうどいいお粥をたいらげてしまい、怒った３匹のくまに追いかけられる）。

　ストーリーの構造パターンもそれと同じで、聞く人の心を動かすには、「１つは退屈すぎ」「１つは悲しすぎ」「１つはわけがわからなすぎ」となり、ちょうどいいパターンは１つしかない。

　時と場所によっては違うパターンが求められることもあるだろうが、聞く人の説得を目的とするピッチにとって、理想的な選択肢は「波乱はあっても最後は上がるストーリー」だけだ。

　これは前向きな結末に向けてドキドキする展開が繰り広げられるパターンで、このストーリーを視聴した人は、ストーリーのなかで推奨されている行動をとりたいと感じるようになる。

そうなる理由はのちほど解き明かそう。

それと同時に、あなたの素晴らしいアイデアを人々の心に強く残るパターンで包み込むやり方についても見ていく。

波乱はあっても最後は上がる

この旅を
これから
詳しく見ていく

その前に、次のストーリーを読んでもらいたい。

◎英雄というわけではないある男のストーリー

昔々、アメリカの都市部から遠く離れた農業の町に、1人の少年が暮らしていた。

彼もその年頃の多くの少年と同じで、何がしたいのかわからないといった感情を少々抱えながら、大好きな漫画やドラマ『スーパーマン』を楽しみ、車を中心にたくさんの絵を描いていた。

車を運転できる年齢になると、スポーツカータイプの小さなフィアットを手に入れ、速く走ることに夢中になった。

カーレースで車を走らせているときに感じた自由から、彼はこの方向に進みたいと考えるようになった。

しかし、彼は交通事故を起こしてしまう。

　煙の立ち上がる車の残骸のそばで、彼の心臓は停止した。

　ところが、通りがかりの人たちの手で病院に運ばれると、彼は息を吹き返し、両親に支えられて回復した。

　その事故のあと、毎日は彼にとって特別な贈り物となった。そうして日々を過ごすうちに、彼は気がついた。

　協力し合う人々は、反目し合う人々に比べていい仕事をし、より多くの喜びを享受するのだと。時間がたつにつれ、そういうストーリーを人々に伝えたいと強く思うようになった。

　大学生になり、彼は人類学に関する1冊の本を読んだ。その著者は神話学の分野で名を馳せ始めていた人物で、「己にとっての至福を追い求めれば、己の生きるべき人生はいま己が生きている人生であると気づくことができる」と主張していた。

　彼は「己にとっての至福を探す」のはいいことだと思い、カメラを手に、あらゆるものを撮影した。ほどなく、彼にとっての至福が見つかった。

　彼の写真が認められ、カメラマンとしての仕事を手にしたのだ。彼はその道に進むと決意した。ただし、撮る対象に選んだのは、写真ではなく映画だった。

　大学で映画の専門学科に進むと、彼は映画製作のすべてが大好きになった。そして自ら映画を撮り始めたのだが、ある問題にぶち当たる。

　彼は、協力して偉大なことを成し遂げた人々のストーリーを映画にしたかった。しかし、当時のアメリカはそういう映画をつくりづらい場所で、映画スタジオは一様に、大人が観たいのは皮肉が利いていて悲観的な映画だけだと信じ切っていた。

　そこで彼は、子供向けの映画をつくるという道を選んだ。

　具体的にいうと、進むべき道を探していた12歳の自分のような子供に向けた映画をつくることにしたのだ。

脚本の執筆に取り組もうとしたとき、彼の頭にふと大学生のときに読んだ人類学の本がよぎった。

「至福を探せ」と主張する著者は、その本で世界に同じパターンをとる神話が数多く存在し、歴史全体を通してみると、さまざまな文化がその1つのパターンを使って人生にとって何よりも重要な教訓を伝えていると語っていた。

　そう思い出した彼は、脚本の執筆中にその本を読み返し、著者が見いだした神話に共通するパターンを映画のストーリーの土台にした。

　それは「波乱はあっても最後は上がる」パターンに相当し、ヒーローらしからぬ登場人物たちが、ひょんなことから手を組んで宇宙を救うというストーリーだ。

　かくして、波乱はあっても最後は上がるストーリーが賢明な選択であることは、歴史が証明することとなった。

　この「彼」とは、ジョージ・ルーカスのことである。

　映画は『スター・ウォーズ』（史上もっとも成功した映画シリーズの第1作目）、本はジョーゼフ・キャンベルの『千の顔を持つ英雄』（長きにわたって語り継がれる神話の構造には共通点があるという考えを語った作品）だ。

　映画の脚本の土台となったのは、キャンベルが提唱したモノミスと呼ばれるストーリーのフォーマットで、「英雄の旅」という名称でも知られる。

　ルーカス、キャンベル、モノミスが合わさったことで、今日のストーリーを使って伝えるということの定義が変わった。『スター・ウォーズ』が映画界をひっくり返してから数十年がすぎ、英雄の旅はいまや壮大なスケールで語られるストーリー、つまりはハリウッド映画におけるストーリーの主力構造となった。

　たとえば、『ハリー・ポッター』（セレステはいい選択をした！）、『ハンガーゲーム』『マトリックス』『ワンダーウーマン』やMCU（マーベル・コミックのヒーローたちの実写化された作品群）は、ストーリーの構造という観点からすると、実質的にまったく同じと言っていい。

　なぜ、そう言えるのか？

　英雄の旅は究極の「波乱はあっても最後は上がるストーリー」であり、チケットの売上に加えて、それを観た人々に「行動を促す」こともするからだ。

　その昔、ハリウッドが世界一のストーリー生産工場になり、映画がアメリカでもっとも利益を生む輸出品となった理由は単純に、人を前向きな気持ちにさせるストーリーは世界中で愛されていて、人はそのストーリーのためなら何度でもお金を払うからにほかならない。

　それほどの影響力を、あなたのプレゼンテーションに取り込んだらどうなるか、想像してみてほしい。

　あなたには、それができる。

　では、実際にやってみよう。

10ページピッチで
何ができるのか？

　それでは、人を前向きにさせるストーリーが、あなたが次に行う予定のプレゼンテーションにどう役立つかを見ていこう。

　ありがたいことに、人を前向きにさせるピッチをつくりたいときは、英雄の旅と基本的に同じ展開をとればいい。

　ただし、少々のひねりは加える必要がある。

　そこで、ビジネスでの効果が高まるように、私が少し修正を加えたバージョンの「英雄の旅」を、みなさんに紹介しよう。

　私は英雄の旅に対し、古くからある販売心理学の知見と、近年現れた行動経済学の知見を組み込んで、現実のビジネスに適合するようにした。古くからある知見のほうからは、CHAPTER2で紹介したデール・カーネギーが提唱する説得の法則を、ストーリーの展開に直接組み込んだ。

　たとえば、彼の「称賛と正直な評価から始めよ」という法則を10ページピッチの1ページめに組み込めば、聞き手と共通点を構築する効果が高まる。また、3ページめには「相手に強い欲求を起こさせろ」が出てくるし、「アイデアを脚色せよ」は旅全体に当てはまる。

　新しいほうとしては、行動経済学で生まれた知見から選出し、

ノーベル経済学賞を受賞した経済学者で心理学者のダニエル・カーネマンが考案した「フレーミング」と「ポジティブ・プライミング」という概念を組み込んだ（これらは10ページピッチの1、7、9ページに関係する）。

そのうえで、その展開を10ページに分かれるフォーマットに落とし込んだ。

私はこのフォーマットを「10ページピッチ」と名づけた。

これを使えば、プレゼンテーションに向けて素晴らしいストーリーがつくれるようになる。その理由は3つある。

◉10ページピッチは、聞く人の心を動かすストーリーを創作するためのフォーマットである

その使い方は明快で、目的に即して直感的に使用できる。簡単に習得できるうえ、習得したとたんに紙とペン、もしくはパワーポイントやグーグルスライドといった広く普及しているスライド作成ソフトを使って、ストーリーを作成できる。

◉10ページピッチはストーリーをつくるためのフォーマットだが、その適用範囲は幅広く、応用もかなり利く

フォーマットの土台となる法則を理解すれば、それを守りつつあなた独自のストーリーを無限に追い求められる。

◉10ページピッチは発表の形式を選ばない

絵と見出しのスライド（ビジュアル・デコーダーで描いたものも含む）はもちろん、メールやソーシャルメディアに最適な文章で読ませるストーリーにも、読み上げて伝えるストーリーにも活用できる（それぞれの適用の仕方の例を提示するので、気に入ったやり方が見つかるだろう）。

10ページピッチには、聞き手の注意を引きつけるほか、聞き手とのつながりを構築する効果もある。

◉ **10ページピッチは直感的に親しみやすいので、聞き手は知らず知らずのうちにストーリーに引きつけられる**
　初めて流れた曲が万人に愛されるときのように、あなたのストーリーを初めて見聞きする人たちは、昔から知っているような気持ちになる。

　10ページピッチは、みんなに愛されている「波乱はあっても最後は上がる」パターンをとる。
　意図的に聞き手の感情の変化を呼び起こしながら、彼らを「そうだ、やればできる」と奮起させる現実的な結論で締めくくるので、最後まで聞き手を飽きさせない。

これぞ究極のフォーマット

　10ページピッチは、すでに何度も本書に登場している。
　バンコクのストーリーや、「あなたが次に行うプレゼンは必ずすごいものになる」と説明したストーリーがそうだし、ジョージ・ルーカスについて語ったストーリーも例外ではない。
　いまのところ、私が語ったストーリーには、すべて同じフォーマットが適用されている（読み返して、本当に当てはまるかどうか確かめてみるのも一興だ）。
　私が最初に語った、バンコクで行ったプレゼンテーションに関するストーリーを思い出してほしい。そのとき私は、クン・チャイに描いて見せた図を紹介した。

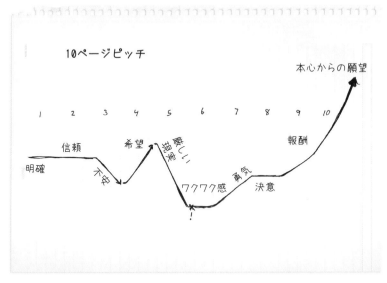

私がノートに実際に描いた10ページピッチの図
（CHAPTER1で紹介したものと同じ）

この図は、私が長年にわたって構築したものを表している。

波乱はあっても最後は上がるという英雄の旅の展開は、確実に人の心を動かす。その展開の詳細を、正確かつ視覚的に表そうとしたものだ。

ご覧のとおり、この旅の始まりから終わりまでは10の段階に分けることができ、各段階でそれぞれ特定の感情を引き起こさせる。

その感情は頭から順に、「明確」「信頼」「不安」「希望」「厳しい現実」「ワクワク感」「勇気」「決意」「報酬」「本心からの願望」となる。

旅の最後にたどり着くまでのあいだ、聞き手は新たな働き方や生き方、成功の秘訣を提示されるので、希望がみなぎる旅を満喫することになるだろう（その間たったの7分だ！）。

ここからは、CHAPTER1で語った「あなたが次に行うプレゼンは必ずすごいものになる」のストーリーを使って10ページピッチの仕組みを解説する。

　仕組みを理解したら、あなた独自の10ページピッチを一緒につくっていこう。

10ページピッチの全容を見てみよう

　CHAPTER1で、私は10ページピッチを使って「ポップアップピッチ」の全体像を伝えた。

　そのときに語った「人を前向きな気持ちにさせるストーリーの展開」を、1ページずつに分解して簡潔な絵と言葉で表すと、以下のような図になる。

10ページピッチ

人を前向きな気持ちにさせるまでのロードマップ

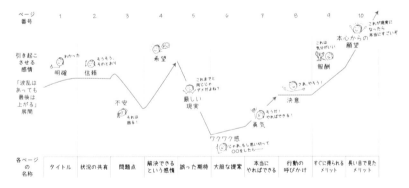

これが10ページピッチの最終形であり、いまやみなさんにもすっかりおなじみになった、視覚を駆使してつくるストーリーの展開だ。この図には、ページ（スライド）番号、喚起される具体的な感情、それに対応する各ページ（スライド）のテーマが含まれている

それでは順に見ていこう。

ページ1　タイトル──明確

まずは何のための場であるかを明確にする。

明確になったという感覚は、ストーリーをシンプルにわかりやすく、直球で表現するタイトルをつけることで生まれる。

また、タイトルは、聞き手が密かに願っていることとの関連性が高いほどよい。

「あなたが次に行う予定のプレゼンテーションは必ずすごいものになります」

ページ2　状況の共有──信頼

聞き手とのあいだに信頼関係を構築し、状況を共有する。

彼らが置かれている状況や、彼らにとって大事なことを理解していると示し、聞き手の不安要素となる問題と誠実に向き合う。

それにより、遊び半分ではなく本気なのだと伝わる。

「来週、あなたはプレゼンテーションを行うことになっています。それも大規模なものです」

そうそう、
そのとおり

信 頼 ⟶

ページ3　問題点──不安

　次に、否定できない問題の存在を伝え、不安な感情をあえて呼び起こす。状況や事実をはじめ、怖くて誰も直視したがらないような現実の数字も（もしあれば）、あわせて発表する。

　不安は得てして、人間のあらゆる感情のなかでもっとも影響力が強いと言える。その感情をここで換気するのだ。

「それには問題が１つあります。プレゼンテーションによって生じる〔負担〕です」

不安

それは
困る！

ページ4　解決できるという感情──希望

そして、希望を与えて不安から立ち直らせる。

希望は「解決できるという感情」を通じてわき上がる。よって、問題が解決し、不安の元凶が排除されたときにどんな気持ちになるかを具体的に説明しよう。

ただし、問題が解決したらどうなるかを単純に示すのではなく、彼ら自身にもどうなるかを想像させること。

「プレゼンテーションを聞き終えたときに、自分は変わったとの実感が生まれたらどんな気持ちになるか、想像してみてください」

ページ5　誤った期待──厳しい現実

次に厳しい現実を突きつけて、誤った期待をすべて打ち砕く。

これまでと同じことをやっていては、望む未来にたどり着けない。これまでと同じ策を単純に繰り返しても、成功は手にできないとあなた自身が認め、さらには聞き手自身にもあなたと一緒にそれを認めさせる。

「これまでと同じプレゼンテーションを行っても、自分が変わったとの実感は得られません」

これまでと
同じじゃ
ダメだよね?

厳しい
現実

ページ6　かなり大胆な提案──ワクワク感

これまでと違うことをやろうとしたらどうなるか?

ここで理想的な現実を大胆に提案しよう。

豪快で、大胆で、ワクワクする気持ちが生まれる選択肢、少々無茶に思えるが、勇気と決意があれば誰でも実行できて必ず効果が現れる策を示す。

「今回は、あなたにとって大事なプレゼンなので、ちょっと大胆な行動に出てはどうでしょう?」

ワクワク感

じゃあ、
思い切って
○○をしたら……

ページ7　本当にやればできる──勇気

　目をつぶって深淵に飛び込んでも、本物の勇気は生まれない。

　それが生まれるのは、自分にはできると魂の底で実感したとき
だ。だからこそ、大胆な策を実行に移す現実味が生まれるように
説明する。

　具体的にとるべき行動に踏み込んで、恐れる理由は何もないと
示す。そうやって大胆な策の詳細を丁寧に順を追って説明すれ
ば、聞き手はそれを実現可能なことだと思うようになる。

　「あなたのプレゼンテーションを、あなたの熱量、行動力、感情
がそのまま伝わり、聞き手が喜んで耳を傾けるストーリーにして
発表する方法は本当にあります」

ページ8　行動の呼びかけ──決意

　具体的な行動を呼びかければ、人はやる気になる。

　聞いている人をやる気にさせるために、大胆な策を本格的に実
行に移すのに必要な行動を４つか５つリストアップしよう。とは

いえ、直ちにすべてを実行する必要はないし、あなたが1人で行う必要もない。

　プレゼンター自身の責任で行うことは2つ程度に抑え、残りについては聞き手に協力を求める。聞いている人が現実にできることを具体的に説明し、実際にやってみてほしいと呼びかける。そうやって決意を促そう。

「恐ろしいほどの影響力を生み出すプレゼンテーションを作成するにあたり、必要となるのはこの3つだけです」

ページ9　すぐに得られるメリット──報酬

　行動に移せば確実に短時間で得られるメリットを示し、行動に移すことを確約させる。あなたのアイデアを長きにわたって信用し実行してもらうには、小さくてもいいのですぐに得られるメリットがあると示すのがいちばんだ。

　行動に移してすぐに目に見えるメリットが1つ以上手に入ると明言すれば、それが行動を起こす引き金となる。

「数枚の紙に記入するだけで、思っていた以上に自分自身のアイデアのことがよくわかっていると実感できます」

これは
気分がいい

報酬

ページ10　長い目で見たメリット──本心からの願望

　長い目で見たメリットが明らかになれば、正当な願望が生まれる。プレゼンテーションの最後は、あなたが提案する大胆な策を実行に移し、それが次の「ニューノーマル」になれば、思いがけず大きな成功を手にできることを示して幕を閉じる。
「提案のとおりにやればうまくいく」と、楽観的になることこそが成功への第一歩であり、その大切さを完全に理解していなくても、成果は手にできる。長い目で見たメリットを手にできるかどうかは、あなたしだいだ。

「長い目で見たときに、失うものはありますか？　失うものよりも、長い目で見たときに何が得られるかのほうが重要です」

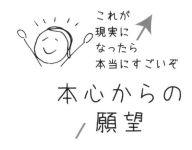

これが
現実に
なったら
本当にすごいぞ

本心からの
　願望

◎10ページピッチのまとめ

　以上が10ページピッチの全容だ。

　この10ページをストーリーに組み込むと、次のようになる。

1　この良き日にともに目指すべき目標がはっきりした

2　しかし、行く手には困難が待ち受けている

3　それを乗り越えることができたら、どんなに素晴らしいだろう

4　だが現実的に考えて、乗り越えるには新たな経路が必要だ

5　ラクできそうな道もあるが、それは誤った期待でしかない

6　本当に必要なのは、かなり思い切ったルートだ

7　そのルートを進むのはきついだろうが、必ずやり遂げることはできる

8　まずやるべきことはこれだ

9　やり始めてすぐに得られるメリットがいくつかあるので、続けやすいはずだ

10　やり続けた先にしかない成功というものがあり、それが手に入ったら、最初の目標などどこかへ吹き飛んでしまう

　自分で10ページピッチをつくるようになれば、ストーリーが自然な流れで、ほぼひとりでにできあがっていくとわかる。

　完成したら、その「波乱はあっても最後は上がる旅」に聞き手をいざなう。

　彼らの注意をとらえて続きを聞きたいと思わせながら、数分で彼らを前向きな気持ちにさせるストーリーを伝えるのだ。

フォーマットに上書きすれば
10ページピッチが完成する

　私は、ストーリーの展開を10ページに分割するだけでなく、ページごとにパワーポイントでスライドに上書きすれば、10ページピッチが完成するフォーマットをつくりたいと考えた。

　そして、下図のスケッチを描いた。

　伝えたいストーリーを10ページに分割して順に並べたうえで、優れたストーリーにつきものの、「始まり」「中盤」「結末」の3幕にそれらを分類したのだ。

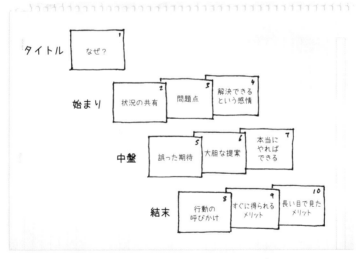

波乱はあっても最後は上がるストーリー展開が、ページごとに上書きするだけで完成するフォーマットをつくりたくて、初めて描いた実際のスケッチ

　そして使いやすくするため、10ページピッチを10枚のスライドに分けたフォーマットを作成した。このフォーマットは、10ページピッチをつくるときに実際に記入していくものだ。

10ページピッチのスライド用フォーマット

1.
タイトル：
誰と何についての話か　明確

1　表紙
誰と何についての話なのかがわかるシンプルなタイトルをつける（感情＝明確）

2.
状況の共有　信頼

2　状況の共有
聞き手に本音で語りかけ、自分が気にかけている問題は聞き手にかかわるものだと説明し、問題を現実に即して理解していることを示す（感情＝信頼）

3.
問題点　不安

3　問題点
怖すぎて直視したくない事実や数字を提示する（感情＝不安）

4.
解決できるという感情　希望

4　解決できるという感情
問題が解決したとき、どんな気持ちになるかを具体的に思い描かせる（感情＝希望）

5.
誤った期待　新しい現実

5　誤った期待
これまでと同じ策を単純に繰り返しても、実際に望んでいた効果も出ないと認めさせる（感情＝厳しい現実）

6.
かなり大胆な提案　ワクワク感

6　かなり大胆な提案
思い切った選択肢を提示し、少々無茶に思えるが、勇気と決意があれば誰でも実行できて効果が期待できると伝える（感情＝ワクワク感）

7.
本当にやればできる　勇気

7　本当にやればできる
大胆な策を実行に移すのは現実に可能であるとその実感が生まれる場であり、そのうえで、とるべき行動に踏み込んで、恐れる理由は何もないことを示す（感情＝勇気）

8.
行動の呼びかけ　決意

8　行動の呼びかけ
最初に行う必要のあることを5つリストアップする。チームで行うことの場合は、そのうちの2つはあなた自身で前に行い、残りの3つは聞き手に協力してほしいと要請する（感情＝決意）

9.
すぐに得られるメリット　報酬

9　すぐに得られるメリット
行動を起こせばすぐに得られることが確約されているということと、メリットを最低2つ示し、行動を起こすきっかけにする（感情＝報酬）

10.
長い目で見たメリット　本心からの願望

10　長い目で見たメリット
新たな策で新たな現実がニューノーマルとなったときに、思いがけなくもたらされる大きな成果を提示して幕を閉じる（感情＝本心からの願望）

これが10ページピッチのフォーマットの完全版だ

この図を参考に10枚の紙に描くか、巻末のシートをコピーして使おう

　左ページに示した図を参照して10枚の紙に書いてもいいし、本書で用意したフォーマットのページをコピーして書き込んでもいい。

　次のCHAPTER7では、10ページピッチの書き方をページごとに詳しく見ていく。その後、参考にしやすくわかりやすい例を紹介するとともに、ビジュアル・デコーダーを絵のある資料にしてピッチを作成する手順を解説する。

▍波乱はあっても最後は上がるストーリーは時代を超える

　長年にわたって10ページピッチのフォーマットに改良を重ねてきた私には、何を見てもポップアップピッチの例に見える。

　古代エジプト、神経言語学のプログラミング、ヒンドゥー教の神ラーマ、映画『スター・ウォーズ』『ダビデ王』『アベンジャーズ』はいずれも、聞く人に大胆で前向きな行動をとらせる契機となるストーリーだ。

　リスクが大きい行動や成果が重要になる行動を促したいときほど、その効果は期待できる。

　波乱はあれど最後は上がるピッチをつくるときは、自分はこれから世界一説得力のあるストーリーを語るのだ、と信じる気持ちを支えにしよう。

　もしかすると、想像以上に素晴らしいものができるかもしれない。

　だが驚くことはない。多くの先人が同じことをして、成果をあげてきたのだから。

10ページピッチを
1ページずつ作成する

10ページピッチで
ストーリーをつくる順序

　このCHAPTERでは、10ページピッチのつくり方を詳しく見ていく。ページごとに、そのページの「テーマ」、そのページで「引き起こさせる感情」「具体的な例」、ページづくりで問いかけるべき「自問集」を紹介する。

　さらに、視覚に訴えるプレゼンテーションを行うために、ビジュアル・デコーダーで描いた絵のうち、どういうものを使うのが最適かも提案する。

◉ 作成を始める前に準備しておくこと

　10ページピッチを作成するにあたっては、次の３つについてしっかりと準備しておこう。

1　作業する場所の確保
　1時間ほど邪魔が入らず静かに作業できる場所を確保する。

　作業中は、電話やインターネット、電子メールにアクセスしないこと。1人での作業を好む人は、1人で考える時間を満喫すればいい。誰かと一緒に作業するほうが好きな人は、ぜひともパートナーを見つけよう。

　話していると絶えず刺激が生まれるので、先に進みやすくなるとは思うが、パートナーとする相手には、あなたが語りたいストーリーを熟知していて、直感的な判断に信用が置けて、あなたの邪魔をしない人を選ぶこと。

　作業に使えるのは1時間だけだ。したがって、1人にせよ2人にせよ、作業に没頭することが求められる。

2　ビジュアル・デコーダーの復習

　ビジュアル・デコーダーをざっと見直そう。

　最初の1時間でデコードした登場人物、アイデア、コンセプト、教訓となることは、これからあなたがつくるストーリーの素材となる。それらが頭のなかですぐに引き出せる状態になっていれば、ストーリーがよりスムーズに仕上がっていく。

3　説得力を高めるポイントのおさらい

　前向きな気持ちにさせる説得の3原則を思い返しておこう。

1　伝えたいメッセージが何であれ、「聞き手に関係するもの」であること
2　「聞き手が望んでいる」メリットを提供すること
3　そのメリットを手にすることは「現実的に可能である」こと

　この3原則に従って、伝えたいストーリーを作成しよう。

10ページピッチの作成に取りかかる

　それでは10枚の紙（またはコンピューター上のスライドフォーマット）を用意して、部屋の扉を閉めよう。

　いよいよストーリーを書く時間の始まりだ。

◎ まずは全体像を確認する

　10ページピッチで語るストーリーは、「始まり」「中盤」「結末」の3幕に分かれ、ページも3ページずつに分かれる（それに表紙を加えて10ページとなる）。

　幕ごとに分けると、次ページの図のようになる。

3幕に分かれた10ページピッチ

表紙　　　　　　　第１幕：始まり

1.
タイトル：
誰と何についての話か

2.
状況の共有

3.
問題点

4.
解決できるという感情

1　表紙
誰と何についての話なのかがわかるシンプルなタイトルをつける
（感情＝明確）

2　状況の共有
聞き手に本音で語りかけ、自分が気にかけている問題は聞き手にかかわるものだと説明し、問題を現実に即して理解していると示す
（感情＝信頼）

3　問題点
怖すぎて直視したくない事実や数字を提示する
（感情＝不安）

4　解決できるという感情
問題が解決したときにどんな気持ちになるかを具体的に思い描かせる
（感情＝希望）

第２幕：中盤

5.
誤った期待

6.
かなり大胆な提案

7.
本当にやればできる

5　誤った期待
これまでと同じ策を単純に繰り返しても、実際には何の効果もないと認めさせる
（感情＝厳しい現実）

6　かなり大胆な提案
思い切った選択肢を提示し、少々無茶に思えるが、勇気と決意があれば誰でも実行できて効果が期待できると伝える
（感情＝ワクワク感）

7　本当にやればできる
大胆な策を実行に移すのは現実に可能であるとの実感が生まれるように説明する。そのうえで、具体的にとるべき行動に踏み込んで、恐れる理由は何もないことを示す
（感情＝勇気）

第３幕：結末

8.
行動の呼びかけ

9.
すぐに得られるメリット

10.
長い目で見たメリット

8　行動の呼びかけ
最初に行う必要のあることを５つリストアップする。チームで行うことの場合は、そのうちの２つはあなた自身で事前に行い、残りの３つは聞き手に協力してほしいと要請する
（感情＝決意）

9　すぐに得られるメリット
行動を起こせばすぐに得られることが確約されているメリットを最低２つ示し、行動を起こすきっかけにする
（感情＝報酬）

10　長い目で見たメリット
新たな策で新たな現実がニューノーマルとなったときに、思いがけなく手にする大きな成果を提示して幕を閉じる
（感情＝本心からの願望）

10ページピッチを
始まり、中盤、結末の
3幕に分けた図

第1幕：始まり

　感情の結びつきを構築する場を設定する（1ページにつき5分かけて4ページ作成する、合計20分のエクササイズ）。

ピッチの第1幕には、表紙、状況の共有、問題点、解決できるという感情のページが含まれる

表紙　　　　　　　　　第1幕：始まり

1. タイトル: 誰と何についての話か 明確	2. 状況の共有 信頼	3. 問題点 不安	4. 解決できるという感情 希望

1　表紙
誰と何についての話なのかがわかるシンプルなタイトルをつける
（感情＝明確）

2　状況の共有
聞き手に本音で語りかけ、自分が気にかけている問題は聞き手にかかわるものだと説明し、問題を現実に即して理解していると示す
（感情＝信頼）

3　問題点
怖すぎて直視したくない事実や数字を提示する
（感情＝不安）

4　解決できるという感情
問題が解決したときにどんな気持ちになるかを具体的に思い描かせる
（感情＝希望）

　ストーリーを伝える達人は、聞き手の注目が集まるか失われるかはストーリーの冒頭で決まると心得ている。

　聞き手の注目を「勝ち取る」と、ストーリーテラー（プレゼンター）としての信頼を構築できるので、ストーリーの展開についてきてもらえるようになる。

　だからこそ、フィクション作家やハリウッドのプロデューサーは当然のように、ほかのどの幕よりも始まりの部分の創作に時間を費やす。

　聞き手の心を直ちにつかむ感情はいろいろあるが、つかむ確率がもっとも高いものを順に4つあげると、「明確」「信頼」「不安」

「希望」となる。

　この順序はとても重要だ。

　前向きな気持ちにさせる効果をストーリーに持たせようと思ったら、「始まり」の幕をどうフレーミングするかが大切になる。聞き手が最初からどの程度心を開いてストーリーを受け入れるかが、これにかかっているのだ。

「フレーミング」は行動経済学における重要な概念の1つだ。

　行動経済学は、思いがけない決断に人を導く隠れたバイアスについて研究する学問で、この分野の第一人者であるダン・アリエリーは、そうした思いがけない行動に出ることを「予想どおりに不合理」な行動と呼ぶ。

　また、ノーベル賞を受賞した経済学者のダニエル・カーネマンは著書『ファスト&スロー』で、フレーミングについて「同じ情報でも角度を変えて提示すると、たいていは違う感情が呼び起こされる」と語っている。

　10ページピッチでは、（表紙と状況の共有における）最初の2ページでの前向きな言葉を前座とし、聞き手の「ファスト思考」を開放的かつ楽天的にさせる。そのほうが、次のページで問題に対峙させたときの効果が高まるのだ。

　つまり、10ページピッチの始まりはこうだ。

「表紙」で何の話が始まるかが明確になったという感情を引き起こさせ、「状況の共有」で信頼関係を構築し、次のページで「問題点」を提示して不安な気持ちを煽り、さらに進んで「解決できるという感情」を呼び起こして、希望に再び火をつけるのだ。

　それでは、1ページずつ順に見ていこう。

スライド（ページ）1　表紙（誰と何についての話か）

　誰と何についての話なのかがわかるシンプルなタイトルをつける。

◎引き起こさせる感情：明確

　10ページピッチはタイトルから始まり、「明確になった」という感情をひと言で引き起こす。

　タイトルをつける目的は2つある。

　1つは、これから何の話が始まるのかを聞き手に知らせて安心してもらうこと。もう1つは、ストーリーを語っていくうえで、自分がゴールを見失わないようにするためだ。

・いいタイトルは、誰に向かって何の話をするかだけを述べる

◉ 誰（ピッチの聞き手）、何（聞き手が望むメリット）、すること（聞き手がとりたくなる行動）をひと言に収める

・タイトルで語るのは「あなた自身のこと」ではない

◉ 聞く人を前向きな気持ちにさせるピッチのタイトルに登場する「人」は、プレゼンターではなく聞き手である。タイトルを見たときに、聞き手が「自分のことだ」と思えるものになっていることを必ず確認しよう

◉ タイトルに出てくる「何」は、プレゼンターが売れることを望んでいる商品やサービスであってはいけない。そうではなく、あなたが提案する行動を聞き手がとったときに、彼らが得られる好ましい成果を記す。ここで確実に、聞き手にとって大事なメリットを明確に伝える（この種の利得の強調は、ダニエル・カーネマンが呼ぶところの「ポジティブ・フレーミング」に欠かせない）

・タイトルの例

◉「もっとクッキーが売れるようになる」
　　——ガールスカウトのメンバーを鼓舞したいとき

◉「みんなでやれば、医療のあり方が変わる」
　　——同じ病院で働く人たちにアピールしたいとき

◉「会社の成長のために私ができること」
　　——上司に昇進を願い出るとき

・タイトルのヒントはビジュアル・デコーダーにあり

◉「人」「もの」「時間」「場所」「大事な教訓」といったタイトルの考案に必要な要素は、ビジュアル・デコーダーにすでに描

かれている

　タイトルには、気の利いた表現も謎めいた表現も不要なので、深く考えないほうがいい。とにかく、「誰」と「何」についての話なのかを明確にすることだけ考える。仕上げは後回しにもできる。残りのページを完成させたあとで戻ってくればいい。

・タイトルを告げるときの決まり文句
「あなたの望みを叶える方法があります」

・表紙の作成に役立つ自問集
1　このプレゼンテーションを聞いてほしい対象は誰か？
「聞いてほしい対象は○○○○」
（名前、グループ名や団体名、肩書き、属性などを記入する）

2　プレゼンの聞き手がいちばん求めていることは何か？
「プレゼンを聞く人たちは○○○○を望んでいる」
（聞く人たちが成し遂げたがっていることを記入する）

3　プレゼンを聞いた人たちにとってもらいたい行動は何か？
「プレゼンを聞き終えたら○○○○してもらいたい」
（プレゼンを聞いた人たちにとってもらいたい行動を記入する）

　　ビジュアル・デコーダーのタイトルページに描いたスケッチやテキストをそのまま写せばよい（テキストのみでも可）。

スライド（ページ）2　状況の共有

　聞き手に本音で語りかけ、自分が気にかけている問題は聞き手にかかわるものだと説明し、問題を現実に即して理解していると示す。

◉引き起こさせる感情：信頼

　聞き手は、あなたがこれから語る内容を明確に認識した。ここでは、彼らとのあいだに「信頼」を構築する。

　それは、共通点というスタート地点を設定することで行う。具体的には、彼らの現状を理解していると言葉で示す。

　このページは、聞き手が置かれている状況、彼らが目指していること、彼らの願望を現実に即して理解していると示す場だ。

・相手を理解していると示す

◎聞き手の業種やライフスタイルに詳しい人なら、どのように話せばいいかよくわかっているだろう。だがいくら詳しくても、専門知識の披露は謙虚にひと言程度にとどめよう。それよりも、明快なストーリーを通じてあなたの経験を語るほうが影響力はずっと大きい

◎聞き手の業種やライフスタイルの専門家でない人は、正直に告げる。すべてを知っているわけではないが、聞き手にとって有意義な情報を持っていると伝えることもまた、信頼を得るのに最適な方法の１つ

・できる限り肯定的な言葉で状況を共有する

◎行動経済学者のダニエル・カーネマンは、「ポジティブ・プライミング」という概念も提唱している。心地よい関連づけを通じて肯定的な刺激を受けた状態でいるときと、追い詰められた気持ちになっているときとでは、人は基本的に前者のときのほうが、そのあとに続く言葉を広い心で受け止めやすい

◎好ましい状況にあると思うと、人は前向きな気持ちになりやすい。「みなさんは素晴らしい成果をあげていますね！　私も同じレベルの成功を手に入れたいものです」とだけ告げて次のページに進むのが理想的

◎しかし、そういうケースは少ないと言っていい。ひどい現状の伝え方には２種類ある。１つは、「ポジティブ・プライミング」を活用して状況の大変さを最大限に軽くする伝え方。もう１つは、そのひどさを自分の経験として語り、聞き手と一緒に自分も向き合うという姿勢を伝えるやり方だ。後者でも、共通の土台をしっかりと固めることができる

・共通点を構築する例

◉「小売（／プランニング／ウェディング／航空）業界は好調
です」や「同じ業務を行う者として、この仕事のいいところは
何といっても……」と切り出せば、聞き手の仕事に詳しい人と
しての信頼が生まれ、プレゼンの中身を肯定的にとらえてもら
えるようになる

◉「私は2週間前にきたばかりですが、みなさんの効率のよさ
については理解しているつもりです」は、聞き手が専門とする
分野での経験が自分はそれほどなくても、一緒に何かを始める
スタート地点を共有する表現として最適

◉「この業界も変わってしまい、苦労を強いられていますよね」
や「明るい話題をとんと聞かなくなりましたが」は、思わしく
ない現状を共通点とするときに適した表現。どちらも、あなた
がその渦中にいて、厳しい現実を口にする意思があると伝える
ものになっている

　いい知らせにせよ、悪い知らせにせよ、「嘘をついて信頼を勝
ち取っても、いいことは何もない」と覚えておいてほしい。
　嘘はいずれ必ずバレる。一度信頼を失えば、二度と信頼しても
らえない。
　聞き手を前向きな気持ちにさせるには、彼らの置かれている現
状を把握することが不可欠だ。彼らと同じ状況に身を置いたり、
彼らと一緒に経験したり、確かな調査を通じて理解する必要があ
る。

聞き手に関する理解が足りないなら、聞き手と共通の話題を見つけるか、プレゼンテーションを延期して聞き手に関する理解をもう少し深めたほうがいい。

・共通点を生み出すときの決り文句
「これは全員に関係する話ですし、いまの話はすべて真実です」

・共通点を見いだすための自問集
1　現時点で全員に共通するものは何か？
　仕事、私生活、置かれている状況のなかで、聞き手と共有しているものには何があるか？
「私と聞き手の共通点は○○○○だ」
（全員に共通するもの、全員が共有するものを記す）

2　聞き手に認識させたいことは何か？
「聞き手のみなさんに○○○○について知ってもらいたい」
（彼らがまだ自覚していない目標とすべきこと、機会、困難などを記す）

3　聞き手と共通すると思われる体験は何か？
「自分も聞き手もきっと○○○○を経験しているに違いない」
（聞き手も経験し、よく覚えているはずだと思うことを記す）

>> ビジュアル・デコーダーから共通点の絵を引用するときは、置かれている状況をシンプルなマップに描くとよい。

スライド（ページ）3　問題点

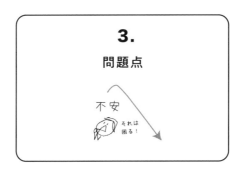

怖すぎて直視したくない事実や数字を提示する。

◉引き起こさせる感情：不安

「不安」はもっとも強い影響を及ぼす感情の1つだ。

　ここは、深呼吸をして手袋をはずし、現時点での共通点がどういうものであれ（いいにしろ悪いにしろ）、事態は悪くなると前もって伝える場だ。

　問題、難関、破滅を招くドラゴンなどのように呼んでもいいが、いずれにせよ、これが波乱はあっても最後は上がるストーリーにおける最初の「波乱」となる。しかも、この波乱は大きい。

・適度の「不安」を味方につける

◎ ピンとこないかもしれないが、心から感じる適量の不安は、ストーリーの第1幕に欠かせない。正直に向き合うことで、不安は聞き手との共通点となるからだ

◎ 問題点について深く理解していると示すことで、問題を冷静な目で評価しているとの信頼が強固なものになる

◎ ポジティブな説得の2つめのコアを思い出してほしい。事実に正々堂々と向き合い、現実として受け止めてようやく、現実を見つめ直してそのなかでうまくやっていく方法を探し始めることができる。言葉にされていない恐ろしい事実とは向き合えない。だからあなたが口にしよう

◎ このやり方になぜ効果があるかというと、どんなに恐ろしくても、それはプレゼンターと聞き手の両方にとって紛れもない事実だからだ。プレゼンターが正直に語れば、それがどれだけ厳しいことだとしても、聞き手の内側に眠る「正しいことをしたい」という欲求への扉が開く

・問題点を提示する例

◎ 「ご存じかどうかわかりませんが、われわれの市場は数年で契約数が半分にまで落ち込むと思われます」という表現は、厳しい事実を率直に伝えている

◎ 「きちんと言葉にしましょう。この混乱は決して消え去りません。それどころか、事態はさらに悪化します」は、痛みを伴う表現だが、正直に伝えることは評価されるはず

　誤解しないでもらいたいのだが、あなたが行うのはポジティブな説得なので、最後は必ずポジティブな言葉で終わる。

　とはいえ、中心にはならないものの、「不安」にも果たすべき

役割はある。

　人生という名の冒険には、難問にぶつかってそれを克服すること、少なくとも克服しようと挑むことが絶えずつきまとう。

　ここに不安が果たす役割がある。

　不安になれば、否定しようのない事実が明らかになり、しばしそれについて考えるようになる。事実があまりにも恐ろしいと、誰だって目を背けたくなる。

　だが、事実は目を背けることを許してはくれない。

・問題点を提示するときの決り文句

「夜中に目が覚めたとき、何が頭をよぎりますか？」

・問題点を見いだすための自問集

1　大きな衝撃を引き起こすことが明白な問題は何か？

「目前に迫っている大きな問題は○○○○だ」

（頭のなかで描いている問題を記す）

2　近いうちに、解決法が皆目わからない難問が出現するか？

「考えたくなくても、○○○○のことは考えなければならない」

（具体的な対策がない、真の脅威となることをひと言で記す）

≫≫　ビジュアル・デコーダーから問題点を表す絵を引用するときは、危険な状況に陥ることを示唆するグラフや、大惨事が起きてもおかしくないことを示す現状マップを描くとよい。

スライド（ページ）4　解決できるという感情

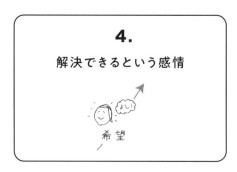

　問題が解決したときにどんな気持ちになるかを具体的に思い描かせる。不安な感情に希望の種を蒔く。

◎引き起こさせる感情：希望

　不安の最大の対抗手段は「希望」であり、希望が生まれれば、人をいい気分にさせる化学物質が脳内に大量に分泌される。
　これぞまさに、聞き手が必要としていることだ。
　ここでは、具体的な対策を何ひとつ与えられていない聞き手に対し、先に提示した問題の解決策や、解決したあとのことを提示し、どういう気持ちになるかを一緒に想像する。

「解決したら喜びを感じるか？」というと、もちろん感じる。
「悪い数字が回復したら、安堵のため息をつくか？」というと、
絶対につく！
「見事ドラゴンとの闘いに勝利したときに味わう満足感や連帯感
がどれほどのものか、想像できるだろうか？」というと、もちろ
んできる。
　このようにして、その感覚を直ちに思い描こう！

　聞き手を「問題を乗り越えた先にいる自分」を思い描かせるに
は、乗り越え方に関する不安を取り除かねばならない。

・自分で自分を称えるということをイメージさせる
◉暗闇を抜けて光のさす場所へ戻ってきたら、どんな感覚を覚
　えるか？
◉問題を解決した先に行けたら、どんな気持ちになるか？　問
　題が解決したら、世界はどう様変わりするか？
◉「どうやって解決するのか」と心配する必要はない。いまは
　ただ、問題が解決したときの気持ちだけを考えさせる（このス
　ライドは感情のフックの役割を果たせば十分で、具体的な話は
　しなくていい）

・解決できるという感情を引き起こさせる言葉の例
◉「われわれの製品が人気を博し、顧客からの問い合わせが殺
　到する世界を想像してみてください」は、営業チームにとって
　素晴らしいフックとなる
◉「この問題がきれいになくなり、完全に問題から解放された
　と安心する瞬間の気持ちを思い描いてみてください」は、問題
　を絶えず心配しながら生きている人の心を希望で満たす

ここは10ページの旅でいちばん楽しいページなので、希望と
いう名の感情が飛び立ったら、しばらくその場を満喫すればい
い。

　ここでは聞き手に対し、「問題を直視するという痛みをいま味
わっているのは、問題を乗り越えた先にはつねに夢見た世界が待
ち受けているからだ」ということをしっかりと意識させよう。

・解決できるという感情を引き起こさせるときの決り文句
「○○な世界を想像してみてください」

・解決できるという感情を引き起こさせるための自問集
1　この問題が解決し、完全に消え去ったら、どんな気持ちにな
　るか？
「この問題が完全になくなったら、○○○○だ」
（問題がなくなったときの気持ちを要約して記す）

2　トンネルの先に光が見えたとき、どんな気持ちになるか？
「向こう側に光が見えたとき、○○○○な気持ちになる」
（ドラゴンを倒したと知ったときの喜びや解放感を記す）

≫≫　ビジュアル・デコーダーから解決できるという感情を表す絵を
　　　引用するときは、人やものがシンプルにあるべき状態に収まっ
　　　ている「明日の姿」をマップで示す。あるいは、問題を提示
　　　したときと同じグラフで、数字が改善しているものを示すと
　　　よい。

　これで第1幕は終了だ。

　あなたのプレゼンの聞き手は、プレゼンに心をつかまれ、希望を抱き、次に続くものを受け止める準備ができている。実に素晴らしい状態だ。

　次はいよいよ、本物の試練が訪れる。

第2幕：中盤

　厳しい現実に対し、大胆で斬新な可能性をぶつける（1ページにつき5分かけて3ページ作成する、合計15分のエクササイズ）。

第2幕：中盤

5　誤った期待
これまでと同じ策を単純に繰り返しても、実際には何の効果もないと認めさせる
（感情＝厳しい現実）

6　かなり大胆な提案
思い切った選択肢を提示し、少々無茶に思えるが、勇気と決意があれば誰でも実行できて効果が期待できると伝える
（感情＝ワクワク感）

7　本当にやればできる
大胆な策を実行に移すのは現実に可能であるとの実感が生まれるように説明する。そのうえで、具体的にとるべき行動に踏み込んで、恐れる理由は何もないことを示す
（感情＝勇気）

　感情のジェットコースターは、まだ終わりではない。

　むしろ、ここから浮き沈みの激しさが増していく。

　10ページピッチの第2幕では現実が襲いかかる。そしてその現実に対し、大胆かつ斬新な解決策を提案する。

　ただし、それは少々先になる。

　ドラゴンを倒すという勇気を聞き手に抱かせるには、まず彼らの目を覚まさせねばならない。

スライド（ページ）5　誤った期待

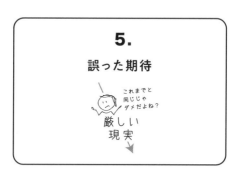

　これまでと同じ策を単純に繰り返しても、実際には何の効果も
ないと認めさせる。

◎引き起こさせる感情：厳しい現実

　聞き手の関心はトンネルの終わりにあるものに向いたが、そこ
に到達するのは簡単ではない。
「ひとりでに解決するかもしれない」という希望は、どうしても
つきまとう。誰だって、「何もしなくてもいいのではないか」「最
小限の苦労ですべて丸く収まる方法があるのではないか」と期待
せずにはいられない。
　だが、そうした期待は見当違いで、それらにとらわれないよう

にするには、その期待は誤りだと認識して排除するしかない。

この「誤った期待」のページでは、簡単に解決できることを願うご都合主義と、期待する形では解決しないという冷酷なつらい現実について語り、この2つは相容れないと説明する。

・誤った期待を突き止める

◎ この問題を解決する方法だと思われているが、実際には解決できない方法とはどういうものか？　トラブルから脱するためにやっているが、実際には何の効果もないことは何か？

◎ 避けたほうが安全だと思って避けていることは何か？

◎ よかれと思ってやっていてもまだ効果が現れていない、というより問題への対処として、的はずれで結局はやらなくなりそうなことは何か？

◎ 冷たくつらい現実に思えることは何か？

・誤った期待を指摘する例

◎ 「何もせず流れに任せればいい？　いいえ、それでは何も解決しないとみなさんもわかっていますよね」と言えば、何もしないことは選択肢にならないことが伝わる

◎ 「今回は、その安全策はまったく効果がありません。今度の問題は致命傷になりかねないものだからです」と言えば、聞き手は直ちに目を覚ます

このページでは、旧態依然とした解決策や常識とされていること（あからさまな否定を含む）に誤った期待を抱けば、問題は悪化の一途をたどると聞き手に伝える。

「厳しい現実」を認めれば、心がすっきりするのはもちろんだが、そうしないことには本当の意味で前に進めない。

・誤った期待から目を覚まさせる決り文句
「過去のやり方を踏襲しても前には進みません」

・誤った期待をあぶり出すための自問集
1　実際には解決にならないのに、よく頼りがちな解決策にはどういうものがあるか?
「誰がなんと言おうと、○○○○でこの問題は解決しない」
(旧態依然の解決策を記す)

「誰もが当たり前だと思って使っているが、長い目で見ると何の効果も得られないものといえば、○○○○のことだ」
(誤った期待や的はずれな信頼を要約して記す)

2　問題について、お手軽な昔ながらのやり方では解決できないとなぜ言えるのか?
「問題を大きく(/厄介に/複雑に)しているのは○○○○だ」
(この問題に特有のことをひと言にまとめて記す)

「問題が一般的な方法で解決しない理由は○○○○だ」
(みんなが頼りがちなその方法に効果がない理由を記す)

>>> ビジュアル・デコーダーから誤った期待を表す絵を引用するときは、混乱に陥っている様子や、かつてないほど複雑で込み入っている状態を「現状」としてマップで示す。あるいはもっとシンプルに、以前よりも不幸になった人物を見せるだけでもよい。

スライド（ページ）6　かなり大胆な提案

　思い切った選択肢を提示し、少々無茶に思えるが、勇気と決意があれば誰でも実行できて効果が期待できると伝える。

◎引き起こさせる感情：ワクワク感

　絶望のどん底で冷たくつらい現実に傷つけられ、使い古された策はどれも効果がないとわかっても、とるべき道はまだ残されている。

　あきらめて「どうやらここまでのようだ」と言うか、それとも「いや、あきらめるにはまだ早い。ここから抜け出す別の方法を見つけてやる！」と言うのか。

　後者はターニングポイントとなる選択で、可能性が広がる。

　可能性が生まれるのは、メンターの言葉からかもしれないし、昔学んだ教訓や最新データ、はたまた何かに対する盲信からもしれない。

　いずれにせよ、可能性に対して心を開いていればいい。

　どんな問題も、正面から向き合えばパズルと同じだ。パズルは人を引きつけてやまない。

　問題の中身を認識すると、聞き手の身に２つのことが起こる。

　１つは不安が軽くなること。もう１つは、すべてのエネルギーが瞬時に「後ろ向き」から「前向き」に変わることだ。

　これが「ワクワク感」が生まれる瞬間だ。

　現実を認識してプレゼンターの顔を見つめる彼らにとって、選択肢はただ一つ。大胆な策に打って出るしかない。

　効果がない策をはっきりさせたら、次は効果が見込める策を明らかにする。

　このページでは、あなたが理想とする現実を大胆に提示して、聞き手にワクワク感をもたらす。この感情は、その現実を実現するうえで欠かせない。

　とにかく、思いきり大胆に考えよう。「箱の外に出るのではなく、そもそも箱がなかったらどうする？」と考えるのだ。

　このページはまさに、「困った」から「人生最大のチャンス！」へ意識が変わる瞬間だ。

・かなり大胆な提案を検討する

◎抱える問題の大きさがわかったところで、知恵を出し合って立ち向かおう。この問題を再燃させないためには、何をしなければならないか？

◎昔ながらのやり方ではダメだとわかったいま、結果を出すために本当に取り組むべきことは何か？（新しいことかもしれな

いし、大昔のやり方かもしれないし、誰も試したことがないことかもしれない)

◉ いまの私たちに真に必要なことは何かと真剣に考えたときに、いちばん無茶に思えること、いちばん意外性のあることは何か?

・かなり大胆な提案を表す例

◉ 「車を運転するたびにガソリンが増えていく方法があるとしたら?」

◉ 「すべての書類仕事が、オンラインでシンプルな質問に1つ答えるだけになるとしたら?」

◉ 「シャツの製造をやめて、シャツより売れている靴の製造に専念したらどうなる?」

いずれの例も、意外性があって大胆な方向として完璧で、探究する価値があると聞き手に思わせることができるだろう。

◉ 「会計の分野で培ったありとあらゆる経験を、会社経営に生かしてはどうか?」は、キャリアを転向する選択肢としてうってつけだ

典型的なモノミスで言うなら、どうするか決めかねていたヒーローが、ようやく大胆な道を進むと決意する瞬間である。
「フォースを使え、ルーク」と聞き手に訴えよう。大胆なことを提唱したところで、失うものは何もない。

・かなり大胆な提案を伝えるときの決り文句

「ということは、○○○○をしたらどうなるでしょう？」

・かなり大胆な提案を引き出す自問集

1　大胆で新しい提案はどういうものか？

「古いやり方ではなく、これからは○○○○する必要がある」

（これまでとは大胆に異なる新しい方向や策を要約して記す）

2　その大胆な策の名称は何か？

「その策の名称は○○○○だ」

（大胆な策／製品／提案／コンセプトの名称を記す）

3　その大胆な策の何がほかの策と一線を画すのか？

「この策を唯一無二のものにしているのは○○○○だ」

（この策のほかにはない特徴を２つか３つ記す）

>> ビジュアル・デコーダーからかなり大胆な提案の絵を引用する
ときは、つなぐ線を交差させるなど、できるだけ複雑に入
り組んだものとして「現状」を描いたら、始まりと終わりの
あいだに大きな赤の矢印１つを描き、従来の手順をすべて
すっ飛ばすものであると示すとよい。

スライド（ページ）7　本当にやればできる

　大胆な策を実行に移すのは現実に可能であるとの実感が生まれるように説明する。そのうえで、具体的にとるべき行動に踏み込んで、恐れる理由は何もないことを示す。

◎引き起こさせる感情：勇気

　この時点で、聞き手はあなたの話に夢中になっているが、それと同時に多少は懐疑的にもなっている。
　彼らに現実を変える選択肢を提示したのだから、今度はその大胆な提案はそれほど無茶なことでもないと証明する。
　そうして「やればできる」という実感がみなぎれば、聞き手に広がったワクワク感が、より高潔な感情である「勇気」に変

わる。

　ここで、提唱する大胆な策のなかでも、とりわけ実行に移すのが怖いと感じることを2〜3取り上げ、実行にあたっての具体的なポイントを丁寧に解説し、やれば理想は現実になると示す。

　勇気は「やればできる」と理解することから生まれる。できるという実感は、しっかりとしたプランと信用できる経験から生まれる。

　このページはその両方を見せるチャンスだ。

・本当にやればできることを示す

◉ 提案した大胆な策はそれほど無茶なものではなく、本当に効果があるのだと体験を通じて説得する（その体験はあなた自身のものでも、信用できる情報源から得たものでもいい）

◉ 大胆な策を実行に移すために、複数段階に分かれたプラン（5階以内に収めたもの）を示す。できればよく似たプランで過去に成功した例を提示し、今回のために特別に加えた修正にスポットライトを当てて解説するといい

・本当にやればできるということを表す例

◉「昨年成功したときと同じように厳然と対処すれば、必ず実現できます」は、信頼できる実体験を示すのに最適な言い方だ

◉「3つの段階に分けて考えてみると、驚くほどよく見えてきます」という表現を使えば、「やればできる」プランを具体的に検討する方向に話が進む

このページを作成するときに、検証可能な経験や刺激的なプランを出し惜しんではいけない。ここは熱意を現実に変換する場だ。

それを思えば、ピッチ全体を通してもっとも重要なページといっても過言ではない（関心を持って最後までピッチを聞いた聞き手から、「もっと詳しく知りたいから、○○についてもう一度説明してほしい」と最初に乞われるのは、間違いなくこのページの内容に関することだ）。

・やればできるということを伝えるときの決り文句
「それでうまくいった実績があります」

・やればできるという実感を引き起こさせるための自問集
1　大胆な策が有効だとわかる理由／根拠／データは何か？
「実行に移せるというのは○○○○からも明らかだ」
（過去に実行されたときのことを要約して記す）

「このやり方は○○○○という理由から効果が期待できる」
（大胆な策を支える最新のデータ／意見／プロセス／技術を要約して記す）

2　心のなかで、（自分／自分たち／チームは）やればできるという実感があるのはなぜか？
「やればできると言えるのは○○○○だからだ」
（プランを実行に移せると聞き手が思えるようになる理由を要約して記す）

「一丸となって臨めば、私が提唱した大胆で新しい理想が現実に

なることは間違いない。それは○○○○からも明らかだ」

（自分自身や聞き手が過去に成し遂げた偉大なことを要約して記す）

>>> **ビジュアル・デコーダーからやればできる絵を引用するときは、大胆な策を実行するうえで、とることになる行動を具体的に順を追って示すとよい。ワクワク感という熱意を本物の勇気の礎となる信頼の気持ちに変えさせよう。**

　これで第2幕は終了だ。

　プランが提示されたいま、あなたに残された仕事は、それを実現することは難しくないと説明し、実行に移すだけの価値があると納得させることだけだ。

第3幕：結末

躍動的に終わる

　すぐに手に入るメリットと、長い目で見たメリットを示す（1ページにつき5分かけて3ページ作成する、合計15分のエクササイズ）。

第3幕：結末

8 行動の呼びかけ
最初に行う必要のあることを5つリストアップする。チームで行うことの場合は、そのうちの2つはあなた自身で事前に行い、残りの3つは聞き手に協力してほしいと要請する
（感情＝決意）

9 すぐに得られるメリット
行動を起こせばすぐに得られることが確約されているメリットを最低2つ示し、行動を起こすきっかけにする
（感情＝報酬）

10 長い目で見たメリット
新たな策で新たな現実がニューノーマルとなったときに、思いがけなく手にする大きな成果を提示して幕を閉じる
（感情＝本心からの願望）

　聞き手はすっかりあなたに夢中だ。あなたの信念、熱意、確かな証拠に心をつかまれている。そんな彼らには、やれば間違いなく結果が出る行動を持ち帰ってもらわねばならない。

　そのためにも、行動を起こせば、かつて経験したことのない素晴らしい未来が開けると示そう。

スライド（ページ）8　行動の呼びかけ

　最初に行う必要のあることを５つリストアップする。

　チームで行うことの場合は、そのうちの２つはあなた自身で事前に行い、残りの３つは聞き手に協力してほしいと要請する。

◎引き起こさせる感情：決意

　先ほどのページでは、やればできると聞き手を諭し、複数段階に分かれたプランを初めて提示した。

　ここでは、あなたの本気度を見せる必要がある。

　どうすれば本気だとわかってもらえるのか？

簡単だ。プランを実行するにあたって、すべきことを明らかにすればいい。とるべき行動を3〜5つ伝えれば、プランが実行可能であると証明されるし、すぐに着手できることがあるとわかってもらえる。

チームで行う場合は、あなた自身がすでに何かに着手している必要がある。これについても簡単で、リストアップした5つの行動のうち、最低2つをあなたの責任で行えばいい。

すべきことが明確かつシンプルなら、着手しやすい。

・着手すべきことを具体的にする

◎ 現実的に考えて、聞き手がすぐに取り組めて、正しい方向に進み始められるようになることをいくつかリストアップする。ラクに始められてすぐに達成感が得られることを厳選しよう

◎ プランの全容を表すロードマップでは、最初のマイルストーンやチェックポイントの到達までに必要な工程を5つ以内にまとめ、それらを1つずつわかりやすく記す

チームでの取り組みを求める場合は、役割を分担する。

◎ チームを動かすにあたっては、まずはあなた自身が最初の2つ以上の工程の責任を引き受け、それらを完了させる日時を明言する

◎ 残りの工程について、チームでの分担を提案する。プランを進める際は、さまざまな能力が必要になるので、各工程に適任と思われる人選を提案する

◎ プランの初期段階からチームで行うことだと明言し、互いの信頼が初期の成功を左右すると強調する

・行動を呼びかける例

◎ 「このアプリをダウンロードするだけで始められます」や「最初の段階は驚くほど簡単です」と言えば、スムーズに始められてすぐに達成感が得られ、おまけに楽しそうだと伝わる

◎ 「５つのことを行うだけで、確かな手応えが得られます。しかも、最初の２つはこちらで引き受けることも可能です」という言い方をすれば、あなたも直接かかわることや、達成感を早くに得られることが伝わる

　プランについて上記のように語ることができれば（そして最初の工程の担当者にあなたの名前があれば）、プランの成功にあなた自身が直接かかわろうとしていることの証明になる。

　また、「１人では実現できない」ことも伝わる。

　同じ部屋にいるほかの人たちの「決意」も必要になるので、プランの詳細を語れば、彼らにこの先何が待ち受けているかを理解してもらえる。

・行動を呼びかけるときの決り文句
「始めるにあたってすることは、たったこれだけです」

・行動の呼びかけに関する自問集
1　これから進もうとしている新たな道はどういうものか？
「この新たな道を進むとなれば○○○○することになる」
（３〜５つの工程を完結にまとめて記す）

2　解決に向けて動き出すにあたって、どのような工程をたどることになるのか？
「最初にすべきことは○つあり、それは○○○○だ」

（次にとる３〜５つの行動に、できればそれぞれの責任者と締切の提案も添えて記す）

>>> ビジュアル・デコーダーから行動の呼びかけを表す絵を引用するときは、プランの第１段階に注目し、シンプルな箇条書きで次にとる５つの行動や工程を表す。チームでの活動の場合は、各工程の責任者や最初の締切日時の提案もあわせて記すとよい。

スライド（ページ）9　すぐに得られるメリット

　行動を起こせばすぐに得られることが確約されているメリットを最低2つ示し、行動を起こすきっかけにする。

◎引き起こさせる感情：報酬

　誰かに新しいことに取り組んでもらいたいときは、取り組んだらその人にとって価値のある何かがすぐに手に入ると約束するのがいちばんだ。

　このページは、その約束を提供するチャンスだと思おう。

　かなり大胆な理想の実現に向けて動き出したら「すぐに得られるメリット」を、最低2つは見つけよう。大きなものである必要はないが、意味のあるものでないといけない。それがのちの工程

の苦労を軽くするものなら、なおいい。

　メリットが得られる現実的なスケジュールを提示し、すぐに手に入る報酬が生じる仕組みを説明する。メリットに関する話は具体的であればあるほどいい。

　たとえ小さいものでも、すぐに得られるメリットがあれば、真剣に取り組む気持ちが生じやすくなる。

　すでに下した決断に従い続ける気持ちが高まるほか、続けてきた行動を検証し、それまでに費やした時間、お金、努力を正当化しやすくもなる。それに、いい気分になる。

・すぐに得られるメリットを提示する

◎すぐに手に入る成果があれば、行動を起こすという決断が妥当だと思える。それが続けていくことの支えとなり、必然的にさらなる成功への道が開ける

◎行動を起こしてすぐにメリットを手にすると、自信が生まれる。また、やる気が高まり、続けることが正しいと思えるようになる

　すぐに得られるメリットになりそうなものを見つけるのは難しくない。痛み（経済的、経営的、感情的なものを含む）が生じる典型的な部分に目を向けて、行動を起こしたらすぐに痛みが和らぐ可能性のあるものを探せばいい。

◎増えるという形ですぐに得られるメリットはあるか？　それを提示したら、チームの士気やメンバーのモチベーションが上がるか？　新たな行動を起こすことで、近い将来、収入や市場での成長機会を増やすことは可能か？

◎底上げするという形で、すぐに得られるメリットはあるか？

すぐに行動を起こすことで、貯金できるものはないか？　行動を起こすことで、効率化を図れる部分はないか？　行動を起こすことで、これまでにない安心感が生まれないか？

聞き手はいまやあなたが頼りなのだから、行動を起こしてすぐに生じる成果とそれがもたらすメリットに、目が向くようにしてやろう。あなたのプランに懐疑的な人も、このページの話に関心を向けるはずだ。

・すぐに得られるメリットを提示する例
◉「早く始めて勢いをつければ、チームの士気が瞬時に高まります」は、変化を恐れる気持ちを前向きにさせる
◉「とにかく始めさえすれば、改善する（／コストを節約できる）方法が次々に明らかになります」と言えば、すぐに目に見えるメリットが得られるので、始める理由となる

・すぐに得られるメリットがあると伝えるときの決り文句
「とにかく始めさえすれば、成果はどんどん上がります」

・すぐに得られるメリットに関する自問集
1　行動を起こすだけで、誰でもすぐに得られる報酬には何があるか？
「これをやってすぐに得られるメリットとしては〇〇〇がある」
（すぐに得られると思われる一目瞭然のメリットを1つ記す）

2　進み始めた道が正しいと、すぐに教えてくれるものはあるか？
「やり始めたらすぐに、思いがけない〇〇〇〇がある」

（行動を起こしたらすぐに生じる意外なメリットや、のちの行動がラクになることを1つ記す）

>> ビジュアル・デコーダーからすぐに得られるメリットの絵を引用するときは、段階的に改善すること、初期コストの節約、中程度の問題が解決されること、隠れていた問題が判明したことを表す図を使用するとよい。

▎スライド（ページ）10　長い目で見たメリット

10.
長い目で見たメリット

これが
現実に
なったら
本当にすごいぞ

本心からの
／願望

　新たな策で新たな現実がニューノーマルとなったときに、思い
がけなく手にする大きな成果を提示して幕を閉じる。

◎引き起こさせる感情：本心からの願望

これが
現実に
なったら
本当にすごいぞ

　すぐに得られる報酬やメリットは最高だ。

　そういうものがあれば、チームで新しいことに取り組んだとき
に、これまでとは違う結果が目に入りやすくなる。これは極めて
重要なことだ。

　とはいえ、すぐに得られるメリットは、新たな取り組みに心を
捧げる理由にはならない。

　そこまでの本気は、ここにくるまでに抱いた希望、ワクワク

感、勇気、決意はすべてこのためだったと理解したうえで、「このピッチで聞いたプランを実行すれば、長きにわたって得られる成果がある」と信じる気持ちがあって初めて生まれる。

　10ページピッチの最後のページでは、高みを目指したいという抑えようのないキラキラした願望を、聞き手に抱かせる。

　でもどうやって？　それには、ついでのような気軽な感じで、「そうそう、プランどおりの行動をとった先には、どんなものが待ち受けているか想像できますか？」と切り出せばいい。

　そうして注意を引き、思い切ったことを提示するのだ。

　波乱はあっても最後は上がるストーリーは、必ず「上り調子」で終わる。ただし、クライマックスはストーリーが最後を迎えた先にもある。

　たとえまだ見えなくても、この先にはもっといいことが待ち受けているのだから、ここまでのことにも価値があったと揺るぎなく信じる気持ちが生まれること、それこそがこのストーリーの真のクライマックスだ。

・長い目で見たメリットの見つけ方

◉聞き手の現実を変えることになる、本物の輝きを放つキラキラした願望はどういうものか？　変わる過程を通じて、永遠に自分たちの元に残るものには何があるか？

◉この取り組みにより、未来はどのように変わるか？　問題が解決し、解決した先の世界にたどり着いたら、人生はどう変わるか？

◉いまは期待すら抱けないが、長い目で見たときに手にできると思われるものには何があるか？

・長い目で見たメリットを提示する例

◉「いちばんの驚きとなる結果については、いまはまだ想像すらできません。その結果に至るまでに、新たな市場、新たな支持者、新たな製品も見つかることでしょう」という表現は、旅の締めくくりに心からの願いを聞き手に抱かせる

◉「これをきちんとやり遂げたあかつきには、やり始めるきっかけとなった問題が解消されるだけでなく、あると気づかなかった能力が開花していることでしょう」と言えば、努力に見合う以上のものが得られると伝わる

◉「長い目で見たときに得られるのは……」と切り出すだけでも十分伝わる

　変化を促す最大の原動力は、「ピッチで学んだことは試してみる価値がある」という理解が生まれることだ。

　長い目で見て何が得られるのかわからなくても、前に進み、思い切って世界を変えていく。あなたのピッチを聞いた人たちは、あなたの期待を裏切らない。

・長い目で見たメリットに触れるときの決り文句
「いままさに、想像もつかないチャンスを手にしているのです」

・長い目で見たメリットに関する自問集
1　自分が推奨するこの行動をとるべき理由は何か？
「○○○○」
（問題が解消することに伴う長い目で見たメリットをひと言で記し、それが未来のためになる理由も添える）

2　上記の質問をひっくり返した質問もする。自分が提案するこの行動をとることで、いずれ手に入るメリットには何があるか？

「固い決意で行動を起こすと、長い目で見たときに〇〇〇〇のような素晴らしいメリットが得られる」

（思いがけなく成就してもおかしくない願望を記す）

「なぜいますぐに行動を起こす必要があるのか。それは、行動することによって〇〇〇〇できるようになるからだ」

（本気で実現の一翼を担いたいと考えている、変えたいと願っていることを記す）

≫≫「ビジュアル・デコーダー」から長い目で見たメリットの絵を引用するときは、登場人物の笑顔を使うとよい。ただしそれは、問題が解決したときの笑顔ではない。問題が解決した先にある、これまでとはまったく違う新たな世界への扉が開かれたことに対する笑顔だ。

これで10ページピッチの全容が明らかになった。

この、波乱はあっても最後は上がる展開を生み出すフォーマットを使ってストーリーを語れば、聞き手の心をつかみ、もっと詳しく知りたいと思わせることができる。

それでは次のCHAPTERでは、このフォーマットを使って実際に作成された3つのピッチを紹介しよう。

それらを見れば、聞き手の心をつかむとはどういうことがわかるはずだ。

ポップアップピッチを使って プレゼンする 個人、中小企業、世界的企業の例

実際のポップアップピッチを見て学ぶ

　ここでは、すでに見た10ページピッチのフォーマットに則して実際に作成されたポップアップピッチを3つ紹介する。

　まず「パメラのピッチ」は、パメラ（仮名）という女性が転職する際に作成したピッチだ。

　次に「ジムのウィザードのピッチ」は、私の友人でもあるジムが、「ウィザード（魔法使い）」という名の最新ソフトウェアをオンラインでたくさん販売するために作成したもの。

　そして「モーゼスが部署で作成したピッチ」は、巨大テクノロジー企業の戦略チームの一員であるモーゼス（仮名）が、世界が混乱するなかで、大勢の顧客に安心してついてきてもらうために作成したピッチである。

　「個人の転職」「オンライン販売」「企業としての戦略」の3つから、あなたがつくりたいと思っているものに近い例を探し、テーマを問わずピッチがスムーズに完成する流れを見てもらいたい。

　また、同じフォーマットを使いながらも、ストーリーごとに最適

な修正を加えて最終形ができあがっていく過程も必見だ。

◎パメラは文章のみのスライドを作成してプレゼンテーション
　を行うことを選んだため、彼女のスライドは、見出しに数行の
　説明が添えられたものとなった
◎ジムのスライドはスケッチを主体としたもので、各スライド
　にビジュアル・デコーダーで描いた絵を配し（10ページピッ
　チ作成時にも新たな絵をいくつか描いている）、見出しの文章
　が添えられている
◎モーゼスは、スケッチをコンピューターで仕上げた画像に変
　え、箇条書きで文章を添えた

　3つとも、ピッチとして非常によくできている。
　見ればきっと、あなたと聞き手にとって最善だと思うプレゼン
形式を実践で試したくなるに違いない。

文章のみ、スケッチと見出し、コンピューター仕上げの画像と箇条書きなど、
完成したピッチの最終形はそれぞれ異なる。効果の高さはどれも変わらないの
で、あなたとあなたのプレゼンの聞き手にもっとも適した形を見つけてほし
い。最終的にどういう形をとることになっても、語るストーリーは同じだ

事例1
パメラのポップアップピッチ

パメラの10ページピッチは、急成長を遂げているアパレル企業のＣＯＯ（最高執行責任者）として彼女を雇うようにと、同社の創業者を説得するためにつくられた。ちなみにパメラには、アパレル業界で正式に働いた経験はない。

パメラがピッチを作成した背景

パメラは、世界的なコンサルティング企業で、20年にわたって会計業務を務めた経験を持つ。

会計部門のエースの１人として知られ、経験が豊富で人望も厚く、クライアントや同僚を通じて驚くほど広大な人脈を世界中に持っている。

会計業務は好きだし、彼女が率いるチームにも、働いている会社にも満足しているが、一方でいつでも環境を変える用意もできている。

彼女は日頃から、会社の運営面の仕事、つまりは自らチームを結成して組織の運営システムを構築する仕事をしたいと思っていた。よって、次に新たな職に就くとしたら、会社の事業活動を効率的に運営する責任を担うＣＯＯがいいと心に決めていた。

そして彼女の人脈を通じて、大成功を収めている「ビンビン」という新興アパレル企業（架空の企業名である）が、事業の急拡大を行っていて、創業者であるベスとペイジがそれに伴い、急成長を遂げる会社の舵を取る経験豊富な運営責任者を探していると知った。

ビンビンは、着心地がよく環境に優しい衣料品を提供することで、高く評価されている。パメラは、ファッション業界で正式に働いた経験がなくても、ビンビンならば自分がこれまでに培った経験を生かせると確信した。

ビンビンは大成功を収めている新興アパレル企業で、世界一着心地がよく環境に優しい衣料品で知られている。パメラはこの会社のCOOになりたい

　これまで会計一筋のキャリアだったのだから、転職には当然リスクがある。だが彼女は、ビンビンが必要としているスキルが自分にはあると自負していた。

　通常のやり方でＣＯＯの職に応募しても、うまくいかないことはわかっていたので、パメラは履歴書にカバーレターを添えて送るのではなく、大胆にも電話会議を介してベスとペイジに直接アピールすると決意した。

　そしていつもやっているように、ビジュアル・デコーダーを使って自分のアイデアの本質をスケッチし始めた。

　次ページの「ビジュアル・デコーダー」は有益な参考資料となったが、結局、彼女はここで描いた絵を最終版のピッチには含めず、パワーポイントで文字だけのスライドを作成した。

　そしてスライドを画面いっぱいに映して読み上げ、次のスライドに切り替えるときに短い間をとる、というスタイルで発表した。

　発表にかかった時間は５分強だったので、創業者のふたりと話

をする時間や、彼らからの質問に答える時間、パメラの提案について
さらなる議論を行う時間はたっぷりあった。

　発表時間を7分前後に収めることができるなら、パメラのとっ
たやり方は完璧だ。

　いずれにしても、スケッチや画像を見せるほかのやり方の例と
比較して、あなたにいちばん合うものを見つけてほしい。

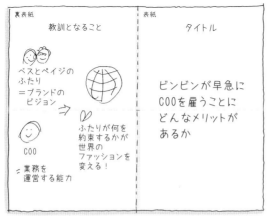

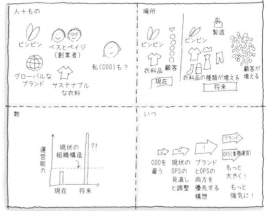

パメラは、CHAPTER4でのあなたのように、ビジュアル・デコーダー
にスケッチを描き始めた。そこには、パメラ自身やビンビンの創業者ふ
たりをはじめ、彼女のアイデアを絵で表したものが描かれた。そのすべ
てが、彼女のストーリーの完成版を事前に視覚化する助けとなる

創業者との面接に向けた
パメラのポップアップピッチの例

1　タイトル

```
     1.
   タイトル:
ピッチを行う理由
```

創業者のおふたりに申し上げます。

　おふたりは、世界をよくしたいとの思いから、ビンビンを立ち上げました。おふたりには、グローバルな規模で世界をよくすることができると、私は信じています。
　ただし、それには大事なものが1つ欠けています。

2　状況の共有

```
     2.
  状況の共有
```

ゼロからビジネスを築いたおふたりのことを、私は心から尊敬しています。

　独自のビジョンを携えて老舗企業がひしめく業界に参入し、環境に優しいビジネスを展開して、利益を上げるようになりました。先見の明をもって築いた成功も、ビンビンで紡いできたストーリーも、本当に素晴らしいものです。
　さまざまな新たな方向に成長を遂げているいま、「世界をよくすることの規模の拡大」をお考えのことでしょう。

ビンビンはいままさに、飛躍のときを迎えています。

3　問題点

```
3.
問題点
```

ですが、すでに飛び立ってはいるものの、高速バスを旅客機に変えなければならないと、感じているのではないでしょうか。

　ビンビンの事業内容が根本から変わっても、ビンビンに対するイメージは変えたくないとお思いでしょう。

　それはとても大変なことです。ブランドの管理に注力すると同時に、とてつもなく複雑になった事業の運営に対処することになるのですから。

　事業が拡大し、会社が大きくなったときに見込まれる最大の懸念は、社員が愛する独自の社内文化や、市場でこれまでに育んだ好感を失うことです。

4　解決できるという感情

```
4.
解決できる
という感情
```

幸い、おふたりがビンビンを立ち上げる理由となった「世界をよくすること」は、必ず桁違いに大きな規模で実現できます。

　おふたりの当初の目標が、この星に暮らすすべての人を対象に達成された世界を想像してみてください。

　ほかに類を見ない企業が巨大な規模に成長し、巨大な規模の影

響を及ぼすようになっているのです。御社より大きな同業者が、御社のやり方に追随し、サステナブルな衣料品が標準となり、もう珍しいものではなくなっている。

そうなっていたらどんなにいいか。

5　誤った期待

> **5.**
> 誤った期待

ですが正直なところ、そのビジョンの実現はかつてないほど複雑になったため、現状の組織構造ではおふたりに多大な負担が強いられることは避けられません。

描いたビジョンは、すべて実現が可能です。

ただし、あっという間に今日の成功を手にしたことが、ほどなく業務の運営に影を落とすでしょう。

いくつもの新たな構想を展開するうちに、ビンビンはどんどん複雑な会社になっていきます。ブランドとしての約束と、現実的な業務運営のバランスをとるのもいっそう厳しくなっていきます。

はっきりいって、経営チームの層を厚くする必要があります。具体的には、おふたりが築いた会社の管理の一部をいずれ手放すということです。

非常につらいことですが、そうする以外に道はありません。

6 　かなり大胆な提案

> **6.**
>
> かなり大胆な
> 提案

そこで、思い切ってＣＯＯを担う人材を採用することを提案します。おふたりはブランドの維持に専念するのです。

　おふたりが変えようとしている旧態依然とした発想にとらわれた大手アパレル企業から、学ぶべきことがいくつかあります。

　老舗の大手企業には、日常的な業務の運営をつかさどる責任者が必ずいます。それは、創業者がビジョンのことだけを考えられるようにするためです。

　日常業務の責任を担うのがＣＯＯです。

　ここで、御社に大胆な提案をさせてください。

　新興企業の定石である、時間をかけて業務の運営を成熟させていくアプローチを捨てて、グローバルな経験のあるＣＯＯを直ちに社内に取り込んではどうでしょう。

　ただし、そのＣＯＯはファッション業界の常識に染まっていないので、おふたりとともに成長していきます。

7 　本当にやればできる

> **7.**
>
> 本当にやれば
> できる

幸い、私はＣＯＯの役割を、社内にどう取り入れればいいか知っています。

それについては経験があります。ＣＯＯとしての成功は、創業者であるおふたりの性格と技能に密接に関係しています。

　私はキャリアを通じて、業務運営の基盤をつくっておふたりのような優秀なリーダーをサポートする仕事を行ってきました。

　良好な関係とは、つねにオープンにコミュニケーションをとり、スキルや経験の足りない部分を互いに補完し合うことで生まれます。そういう関係の築き方を、私は知っています。

　では、具体的に何をするのか。

　この会社が目標としている数十億ドル規模の企業になったと仮定したうえで、運営上の責任をどう構造に組み込むかを視覚化し、それを現実にするのです。

　優秀なＣＯＯは、状況に応じて自らの責務を見極めます。

　ＣＯＯを設置するタイミングが早ければ早いほど、会社の成長にとって最適な役割を担えるようになります。

8　行動の呼びかけ

```
8.
行動の
呼びかけ
```

ビンビンが数十億ドル規模の企業となったときに、おふたりはリーダーとしてどのような役割を担いたいとお考えですか？

　おふたりが戦略を遂行すれば、ビンビンは当然変わります。

　株式公開するかもしれませんし、誰かに買収されるかもしれません。株式公開することなく、規模だけ大きくなることもあるでしょう。

　ですがいまは、ビンビンがファッションとライフスタイルで市場をリードする企業になった姿を想像しましょう。

　社内製造を行う生産ラインを複数抱え、繁華街にはもれなく店舗がある。そうなったとき、おふたりはどのように時間を使いたいですか？　その会社のリーダーとして、どのような進化を遂げたいですか？

　ＣＯＯの役割については、おふたりでどのようにでも定義できますが、ＣＯＯにやってほしくないことを列挙するだけでも十分かと思います。

　ＣＯＯとしての役割は主に、社員の管理、戦略の遂行、成果の創出となりますが、とりわけ重要な職務となるのが、業務を進めるうえで惨事が起こる可能性を事前に予測することです。

　私はその予測にキャリアを費やしてきました。

9　すぐに得られるメリット

> **9.**
> すぐに得られる
> メリット

この会社にふさわしいＣＯＯを採用すれば、成長に伴ってますます不可欠になるであろうブランドの維持に、直ちに専念できるようになります。

　ＣＯＯを雇って権限を委譲すれば、結果として組織としての秩序や能力がすぐさま改善され、おふたりには、いずれ訪れる会社の過渡期に備えて、そのときにもっとも必要となるブランドの構築に専念する余裕が生まれます。

　これから数カ月のあいだ、ビンビンがやるべきことはたくさんあります。そこに優秀なＣＯＯがいれば、早急に配慮やリソースを注ぎ込むべき場所を迅速にチェックして報告するので、おふたりが長期的な目で会社を見ていても問題ありません。

10 長い目で見たメリット

10.
長い目で見た
メリット

ビンビンの業務運営の構造を固める、つまりはＣＯＯの役割を吟味するタイミングが早まれば早まるほど、世界がよくなるスピードが加速します。

　ＣＯＯを採用するという方法をとると、おふたりがそもそもビンビンを創業すると決意したときのビジョンが思い起こされることでしょう。

　おふたりと私には、独自の文化を持つグローバル事業を創出し、それを莫大な利益をもたらす事業に成長させた経験があります。

　おふたりは先見の明を持つ創業者としてそれを行い、私は戦略的フォーカスと秩序だった業務運営によって成長に貢献しました。

　私たちが協力したら、どんなことができるか考えてみてください。ここからは、御社のＣＯＯとして私がどのようにおふたりを支えることができるか、さらに詳しく説明させていただければと思います。

　パメラの10ページピッチは、文章のみのスライドとして、ふたりの創業者が見ている画面に映し出された。

　語る言葉を画面に映したおかげで、彼らは画面を読みながら、パメラの発表が終わってから尋ねたいと思ったことをメモにとることができた。

　パメラのポップアップピッチの発表時間は全部で7分もかからなかったので、創業者と具体的な話をする時間がたっぷり残った。

創業者のおふたりに申し上げます。
おふたりは、世界をよくしたいとの思いから、ビンビンを立ち上げました。おふたりには、グローバルな規模で世界をよくすることができると、私は信じています。……

パメラのポップアップピッチは、図のように文章だけのスライドとなった。

ゼロからビジネスを築いたおふたりのことを、私は心から尊敬しています。
独自のビジョンを携えて老舗企業がひしめく業界に参入し、環境に優しいビジネスを展開して、利益を上げるようになりました。……

ですが、すでに飛び立ってはいるものの、高速バスを旅客機に変えなければならないと、感じているのではないでしょうか。
ビンビンの事業内容が根本から変わっても、ビンビンに対するイメージは変えたくないとお思いでしょう。……

パメラがこのピッチを披露した面接はどうなったか？
見事、彼女は仕事を手に入れた！

事例2
ジムのポップアップピッチ

ジムの10ページピッチは、オンライン事業者向けのメールに添付する売り込み動画を作成するためのものだ。

具体的には、彼が提供する「ラクしてインスタグラムで成功する方法」を学ぶプログラムに登録し、試してもらうことを目的としている。

ジムがピッチを作成した背景

ジムはオンライン・コンテンツのマーケティングを長年にわたって手がけてきたマーケティングの達人で、オンラインではコピーライターとしても高い評価を得ている。

彼は「JEM（ジム・エドワーズ・メソッド）」という名のトレーニング・プログラムをサブスクリプション・ベースで提供していて、その登録者数は30万人にのぼる。

また、「ウィザード」という名をつけてオンライン・コンテンツとして提供するソフトウェアは、すでに600万回ダウンロードされている。

ジムは日頃から、オンライン・ビジネスを行う人たちとソーシャルメディアを通じてつながる方法を模索している。彼らに実地試験ずみのツールを紹介することで、より大きな成功を手にしてもらいたいと考えていたのだ。

そんな彼が、インスタグラムをマーケティング・ツールとして効果的に使う画期的な方法を考案し、インスタグラムへの投稿を効率化する魔法使いのようなソフトウェアを生み出した。

　そこで、リストにある顧客にメールを一斉送信してこの新たな
ウィザードについて知ってもらい、無料の体験版をダウンロード
してもらおうと考えた。
　ジムはさっそくビジュアル・デコーダーを使い、彼の考えの本
質をスケッチで表し始めた。

　ジムのポップアップピッチは、生配信で行う4分間のオンライ
ン・プレゼンテーションのためのもので、それを録画した動画を
ソーシャルメディアで配信する予定である。

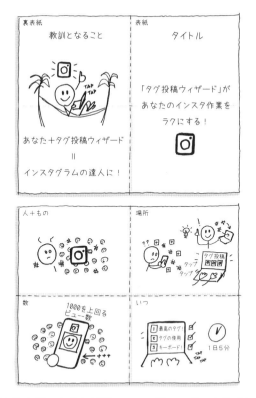

　　　　ジムは上記のようなビジュアル・デコーダーを作成した。
ジム本人、オンライン事業者、インスタグラムのアプリとインターフェース、
スマートフォン、PC、彼の新しいタグ投稿ウィザードアプリが描かれている

ソフトウェア販売に向けた
ジムのポップアップピッチの例

1　タイトル

インスタグラムはビジネスの宣伝に欠かせないが、ハッシュタグ
をやみくもにつけても意味がない

2　状況の共有

あなたのビジネスにとって、インスタグラムは本当に重要です。
この事実はどうにもなりません

　インスタグラムのユーザー数は数十億人。アイデア、ソフトウェア、オンライン講座、書籍など何にせよ、あなたが販売するものの顧客はインスタグラムにいて、目を引くものはないかとタイムラインを眺めています。

　ですからその場にいて、彼らの関心を引きつける用意をしておかなければなりません。

3　問題点

```
3.

問題点
```

スマートフォンを使って、適切なハッシュタグを探してインスタグラムに売りたいものを投稿するのは、はっきりいって面倒な作業です

　インスタグラムで自分の投稿を見つけてもらううえで、適切なハッシュタグの入力はとても重要です。とはいえ、スマートフォンから親指1本で適切なハッシュタグを探して入力し、コンテンツを投稿するのはかなりの手間を要します。

　投稿の内容が数語ですまなかったりすれば、かなりイライラしますよね。

4 解決できるという感情

> **4.**
>
> 解決できる
> という感情

親指でのスマートフォンの操作は大変ですが、それでフォロワーが増えるなら、やる価値は十分にあります。だって、それがインスタグラムですから！

　あなたの投稿が、何百どころか何千という人たちにクリックされ、動画を視聴され、画像をシェアされたら、どんな気持ちになると思いますか？

　インスタグラムを正しく活用すれば、あなたの投稿に人々が押し寄せ、あなたのオンラインビジネスに顧客がやってきます。

5 誤った期待

> **5.**
>
> 誤った期待

インスタグラムに毎日かかりきりになっても、成果は上がりません

　スマートフォンを片時も手放さずに、毎日投稿したからといって、望む結果は得られません。

　一所懸命に「優れたコンテンツ」をつくれば、クリックされる回数が増えると期待しても、そうはなりません。

　親指で素敵なコンテンツを投稿している人は、あなたのほかにもごまんといます。仮に1日に100回投稿したとしても、やはり成果は上がりません。それどころか、多すぎるとかえってフォロワーをイラつかせることになります。

6　かなり大胆な提案

> **6.**
> かなり大胆な
> 提案

これまでとは違う結果を得たいなら、これまでとは違うツールが必要です。そこで「タグ投稿ウィザード」をご紹介します

同じ「ハッシュタグを意識する」にしても、せっかくなら思い切ったことをやってみませんか？

「できるわけがない」との思いを押しのけてみると、ハッシュタグを効果的に活用する３つの秘訣が見つかりました。

　１つは、的確な人たちにリーチするには、的確なハッシュタグをつけること。次に、タグは一貫して使うこと。そして最後に、スマートフォンではなくデスクトップＰＣから投稿することです。

　シンプルなことばかりですが、ここで役に立つのが「タグ投稿ウィザード」です。

7　本当にやればできる

> **7.**
> 本当にやれば
> できる

私が考案したタグ投稿ウィザードを使えば、キーボード入力とマウスをクリックするだけで、インスタグラムの投稿とタグを簡単に一括して管理できます

　タグ投稿ウィザードは、インスタグラムのタグづけのために私が開発した新たな武器です。実地試験も終えているこのソフトウェアツールを使えば、３つのことができます。

　まず、あなたが作成した投稿や画像に最適なハッシュタグを瞬時に探し出します。それから、あなたのタグの使い方を監視する

ので、投稿全体の一貫性が保ちやすくなります。そして、いま述べたことがすべて、コンピューターのキーボードで快適に行うことができます。

　もう親指操作のスマートフォンを使う必要はありません。

8　行動の呼びかけ

> **8.**
> 行動の
> 呼びかけ

あなたが使う時間は1日に5分だけ。あとはタグ投稿ウィザードがすべてやってくれます

　タグ投稿ウィザードを使えば、インスタグラムの投稿に5分かける時間を1日に2回設けるだけで、あなたのインスタグラムは激変します。

　タグ投稿ウィザードは、PCでカーソルを合わせ、クリックしてコピー＆ペーストするだけ。誰でも使えます。

9　すぐに得られるメリット

> **9.**
> すぐに得られる
> メリット

タグ投稿ウィザードを2～3日使うだけで、あなたの投稿の視聴

数やクリック数が、急増し始めます

　タグ投稿ウィザードを使い始めたら、インスタグラムでのあなたの認知度は急激に高まります。

「すごい、インスタグラムって最高だ！」と言えるのですから、本当に清々しい気分になります。

　これまで存在していることすら知らなかった新たなハッシュタグが見つかることに、楽しさも覚えるでしょう。

　つまり、新規の投稿が簡単かつ楽しく行えるようになるということです。

10　長い目で見たメリット

> ### 10.
> 長い目で見た
> メリット

インスタグラムのフォロワーを増やすことは、あなたのビジネスの長期的な成功という素晴らしい形でいずれ報われます

　インスタグラムのフォロワー数が増えれば、将来の見通しは立ったも同然です。

　フォロワー数が1万人を超えるインスタグラマーは、1投稿あたり平均88ドル稼いでいます。10万人を超えれば、1投稿あたりの稼ぎは、なんと平均200ドルにもなります！

　インスタグラムのユーザー数は増えていく一方ですから、あなたのビジネスも一緒に大きくなっていくことでしょう。

　インスタグラムの投稿とタグづけを要領よく効果的に行うだけで、そうなるのです。

　この機会にぜひ、タグ投稿ウィザードを試してみてください（このメールのリンクをクリックしてください）。

　ちなみに、私には確実に効果がありました！

ジムの 10 ページピッチは、ビジュアル・デコーダーに描いた彼のスケッチと見出しを映す 10 枚のスライドとなった。

　そのスライドを使って 4 分のプレゼンを行い、それを動画にしてメールに添付した。

インスタグラムは
ビジネスの宣伝に欠かせないが、
ハッシュタグをやみくもにつけても意味がない

あなたのビジネスにとって、
インスタグラムは本当に重要です。
この事実はどうにもなりません

ジムのポップアップピッチの各ページは図のようなものになった。手描きの絵に、見出しの文章が添えられている

スマートフォンを使って、
適切なハッシュタグを探してインスタグラムに
売りたいものを投稿するのは、
はっきりいって面倒な作業です

ジムのつくったポップアップピッチにより、
メールを配信してから 3 週間で 5000 人が彼のソフトウェアを購入した！

事例3
モーゼスのポップアップピッチ

モーゼスの10ページピッチは、大手クライアント企業の重役に向けたものだ。

彼が属する大手IT企業の戦略チームが作成した示唆に富むホワイトペーパー（分析報告書）を、ダウンロードして目を通してもらうことを目的としていた。

モーゼスがピッチを作成した背景

モーゼスは、世界的に大きな影響力を持つクラウド・ソフトウェア企業に勤め、同社の重要な戦略チームを率いている。

彼のチームの仕事は、事業、テクノロジー、社会に起こりうる未来のシナリオを想定し、そうした未来に彼らの会社が及ぼしうる影響をクライアント企業の重役に提言することだ。

その仕事はつねに、会社の売上に貢献する重要なものとみなされてきたが、新型コロナウイルスによって世界経済が混乱に陥ると、彼らの仕事の重要性は一段と高まった。一夜にして仕事のあり方が一変した企業は、テクノロジーの第一人者たるモーゼスのいる企業の担当者にアドバイスを求めてきた。

同社のＣＥＯ（最高経営責任者）はモーゼスのチームを招集した。そして、長期的に見た最善のトレンド予測を集め、それらを総合してすぐさま納得できるシナリオをいくつか用意するようにとの指示を出した。

それを受けて、モーゼスたちは20ページの文書にすっきりとわかりやすくまとめた。

クライアント企業の重役たちが短期的、長期的な投資のどちら
に対しても、再び自信を持って決断を下せるようになることを踏
まえたうえで、彼らの進む道筋となる可能性が高い３つのシナリ
オを作成できるマップを示したのだ。

　あとは、困惑している重役たちに、このホワイトペーパーの存
在を伝え、それをダウンロードして読んでもらえばいい。

　そこでモーゼスのチームは、重役たちに向けたポップアップ
ピッチを作成することにした。

　彼らはまず、下図のようなビジュアル・デコーダーを描いた。

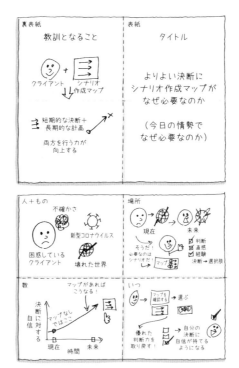

モーゼスはいつものように、ビジュアル・デコーダーを描くことから始
めた。そこには、彼が勤める IT 企業のクライアント、クライアントが
抱える世の中や経済に対する不安、シナリオに含めるものなどが描かれ
ている。このラフなスケッチが、ピッチの最終形ではどのような画像に
なったか注目してもらいたい

モーゼス率いるチームは、どのようなポップアップピッチを作成したか。彼らは、クライアントに長文のメールを送るとともに、4分間のプレゼンテーション動画をオンラインで公開すると決めた。

そしてプレゼンに向けて、モーゼスの手描きのスケッチをコンピューター仕上げの画像につくり直した。

ホワイトペーパーの周知に向けた モーゼスのポップアップピッチの例

| タイトル

1.

タイトル:
ピッチを行う理由

混乱のさなかで自信を取り戻す:
新型コロナウイルス危機で道しるべとなるシナリオ

2 状況の共有

2.

状況の共有

新型コロナウイルスにより、この数カ月で前例のない不確かさに世界が包まれました。とりわけ組織を率いる立場のみなさんは、

その思いが強いでしょう。

　身のまわりで起きていることを月単位で把握していても、舞い込んでくる情報や対立する見解があまりにも多すぎて、大局をつかむのは一筋縄ではいきません。

　この混乱がいつまで続くのか、どこまで影響が及ぶのか見当もつかない状況のなか、正しいと確信できないまま重大な選択をすることを強いられています。

3　問題点

> **3.**
> 問題点

何とか日々をやりすごしていても、不確かさは積み上がっていくばかりです。この危機が続けば、混乱状態は悪化の一途をたどり、何ごとにも基本的に自信が持てなくなっていきます

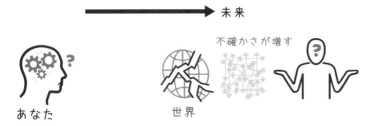

　想像をはるかに上回るさらなる危機に見舞われるのではないか、貴重な機会を逃しているのではないかといった不安があっても、私たちはやはり、何をどうするかを、選び続けなければなりません。

　これまで頼りにしてきた専門的な能力が突如として使いものにならなくなる、正しい答えを導き出さなかったら苦境に陥りかねない、といった現実を目の当たりにするのはつらいものです。

4　解決できるという感情

> 4.
> 解決できる
> という感情

キャリアの構築の礎となった経験や意思決定能力を、再び信頼できるようになったときの気持ちを想像してみてください

変化する
あなた

身近になる
世界

自信

　この混乱のさなかにあっても、以前と変わらず将来について知的に決断を下せるくらいにリスクと機会が明快になれば、自信を取り戻せるのではないでしょうか？

　みなさんには、好調な会社を経営した経験があります。それは、十分な情報を得たうえで、吟味して決断を下すことで行われてきました。

　みなさんがいま求めているのは、自分には優れた決断を下す力

があるのだと、再び自分を信頼できるようになることではないでしょうか。

5　誤った期待

> **5.**
> 誤った期待

このような状況にあっても、あまり考えすぎずに、己の判断、直感、経験だけで的確な判断を下せるようになりたいと誰もが思っていることでしょう

　ですが、厄介な問題が何層にも複雑に重なり合った危機に直面すれば、問題を調べすぎたあげく途方にくれたくもなるし、問題がありすぎて目を背けたくもなります。

　いずれにせよ、そんなことをすれば、十分な情報が得られないまま、致命傷となるミスを犯すことになりかねません。

　はっきりいって、いまの状況下でこれまでと同じやり方で決断を下そうとしても、適切な選択肢を見つけることはできません。

6　かなり大胆な提案

> 6.
> かなり大胆な
> 提案

そこで、「いつもどおり」をやめ、戦略を立案するシンクタンクが使用しているシミュレーションを採用し、世界の未来について考えてみてはどうでしょうか？　シミュレーションとして、いくつかのシナリオを御社に当てはめてみるのです

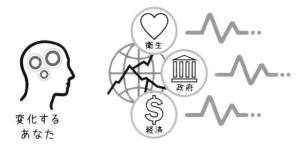

　現状の危機に、外から影響を及ぼす主な不確定要素（衛生、社会、経済）について調べ、それらが四半期ごとのビジネスに与えうる影響を現実的に考慮し、長い目で見て現実になる可能性の高い未来を、片手に収まる数ほど打ち出してみてはどうでしょう。

　私たち自身がそうしてみた結果、自分たちで下す決断に再び自信が持てるようになりました。次は、あなたの番です。

　シナリオというツールを使ってシミュレーションを行えば、厄介な問題をすべて取り込んだうえで、もっとも実現性の高い可能性に絞り込むことができます。

　といっても、シナリオを一から作成する必要はありません。シナリオを作成できるツールがすでに存在します。

　それが私たちの提供する「3大フューチャー」マップです。

7　本当にやればできる

「３大フューチャー」マップは、この混乱のなかで自信を持って
前に進み、機会を見つけやすくするためのものです

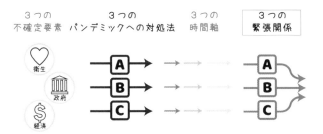

「３大フューチャー」マップでは、危機を「３つの時期」に分割
し、危機に含まれる「３つの不確定要素」、パンデミックに対処
する「３つの方法」、管理下に置く「３つの緊張関係」を特定し
ます。

　この３＋３＋３＋３により、所定の地域で起こりうる確率と内
容の精度が同程度のシナリオを、３つ導き出すことができます。

　このツールのいいところは、導き出される結果が「完璧に見え
ても確実に不備のある答え」ではないという点です。答えの代わ
りに、もっとも現実的な未来を３つ示します。

　それぞれのシナリオでどう行動すればいいかがわかるので、恐
れることなく前に進めるようになるのです。

8 行動の呼びかけ

> **8.**
> 行動の
> 呼びかけ

シナリオを参照し、あなたが事業を行う地理的環境で起こりうる
未来について評価すれば、直ちに新たな戦略の構築に取りかかる
ことができます

「3大フューチャー」マップが載っているホワイトペーパーをダ
ウンロードするだけで、シナリオを作成できます。

　マップは視覚的にわかりやすく、説明文も短いので、すぐに作
成に入れます。

　弊社をご担当されている方たちに、作成方法を習得してもらっ
ておりますので、その人たちを中心として、地理的環境や業界に
もっとも即した3つのシナリオを作成していただけます。

9 すぐに得られるメリット

> **9.**
> すぐに得られる
> メリット

「3大フューチャー」マップを使えば、あなたの顧客のニーズが
この危機のさなかにどのように変わり、危機が去ったあとの

「ニューノーマル」に突入したらどうなるかについても予測できるようになります

変化する
あなた

　現状のビジネスモデルで問題となりうるものや、これから出現しそうな機会に目を向けられるようになります。
　それにより、優先すべき選択肢の判別や、将来的な成長に向けて最初に力を注ぐべき場所がわかるようにもなります。
　危機が続いてもノイズに惑わされることなく、目を配るべき情報はどれか理解していることでしょう。

10　長い目で見たメリット

> **10.**
> 長い目で見た
> メリット

つまり、何をし続け、何をやめればいいのか、新たに方向転換すべきタイミングはいつなのかわかるようになる、ということです

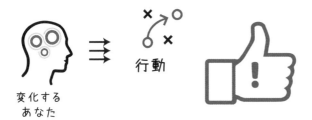

変化する
あなた

行動

　今回の危機が収まって、新しい世界にビジネスの焦点が移ったとき、あなたは強者の立場となっていることでしょう。同業他社の多くがまだ混乱しているなか、新たな運営、場合によっては新たなビジネスモデルまですでに構築しているのですから。

　私たちが提供するツールは、答えやソリューションをお約束するものではありませんが、活用すれば、この不確かな時代においても自信を持って組織を運営できます。ビジネスやテクノロジーに関する大きな決断を、的確に下せるようになります。

混乱のさなかで自信を取り戻す：
新型コロナウイルス危機で道しるべとなるシナリオ

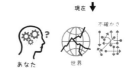

この数カ月で前例のない不確かさに世界が包まれました。とりわけ組織を率いる立場のみなさんは、その思いが強いでしょう
⋮

「3大フューチャー」マップは、この混乱のなかで自信を持って前に進み、機会を見つけやすくするためのものです
⋮

モーゼスのポップアップピッチはこのような感じになった。10枚のスライドに分かれ、それぞれに見出しとコンピューターで仕上げた画像、箇条書きにした詳しい説明文が2〜3添えられている

　モーゼスの10ページピッチは、見出しとコンピューターで仕上げた画像（ビジュアル・デコーダーに彼が描いた手描きのス

ケッチがベースとなっている）に、箇条書きにした説明文を２～
３添えたスライドとなった。そしてそれを使って、クライアント
ごとに個別にオンラインで説明し、さらには録画したプレゼン動
画をオンラインで公開した。

　モーゼスのポップアップピッチは、全部で６分の長さにまと
まった。

　モーゼスのピッチへの反応はどうだったか？
　クライアントの反応は上々で、彼が作成したホワイトペーパー
は２万5000回以上ダウンロードされた。各クライアント企業の
担当者の話では、状況を明確にさせたいというモーゼスたちの努
力に心から感謝していて、長期的な決断を下しやすくなったとい
う。
　モーゼスのチームを駆り出してクライアントに複数のシナリオ
を提示した同社は、世界全体が危機に見舞われていたにもかかわ
らず、四半期の売上として過去最高額を計上した。

　以上で、事例の紹介は終わりだ。
　３つの異なる問題に対して３つの異なるピッチを紹介したが、
いずれもまったく同じ10ページピッチのフォーマットをベース
に作成されている。
　このフォーマットが、いかに信頼できて、応用が利くかよくわ
かっただろうし、説得力の高いストーリーの流れとはどういうも
のかもわかってもらえたと思う。

　次のCHAPTERでは、ピッチの仕上げや発表の練習の仕方、
発表のさまざまな形について触れる。それらを知ることで、あな
たの状況に適した発表の仕方を見つけてもらいたい。

>> CHAPTER 9

一世一代のプレゼンになるよう
十分な準備で磨きをかける

発表のあとは反省会を実施する

あなたにとって初めてとなるポップアップピッチ体験は、これにて終了だ。ピッチ作成の過程を楽しんで読んでもらえただろうか？　次は、あなたがストーリーを紡ぐ番だ。これからはポップアップピッチのメソッドを使って、プレゼンテーションで成功を収め続けてほしい。

ピッチが完成したら、2〜3人の同僚の前で試しに披露してみよう。彼らが聞くことを楽しめて、あなたが語ることを楽しめたら成功だ。仮にそうならなかったときは、また2時間確保して、紙とペンを使ってつくり直せばいい。

みなさんが実際にプレゼンテーションを行う前に、伝えておきたいことがある。

このメソッドを仕事で使えるツールに定着させるうえで、ピッチをプレゼンするときの「選択肢」と「練習の大切」さを知っておいてほしい。

ピッチをプレゼンするときの選択肢

　ポップアップピッチというメソッドを通じて生み出したピッチは、「原稿」という形をとる。

　たとえば、ポップアップレストランで出される食べ物は、紙皿に盛られていても美味しいが、メソッドを通じて作成したピッチもそれと同じだ。

　原稿の状態であっても、世間で繰り広げられているしっかりと仕上がったプレゼンテーションの90パーセントに勝る。

　プレゼンテーションを行う準備が整ったいま、プレゼンのやり方は1つではない。紙皿で出しても美味しいとはいえ、陶器に盛りたいときもあるはずだ。

◉プレゼンの選択肢1
　思いをまっすぐ伝える

　1つめの選択肢は、思いをまっすぐに伝えるやり方だ。手描きのスライドを10枚手に持って、聞き手と一緒に座り、自分の話を語る。

　自発性、気取らなさ、敵意を一切排除した正直さが求められるようなら、どんな状況でもそれらを提供する。

　入院患者の扱いに長けている医師は、その大切さを知っている。だから、手術前の患者が着用するエプロンに、手術までの手順がシンプルなスケッチで描かれたものを用意する。それがあると、どんな薬よりも患者の不安が軽減されるからだ。

　公開オーディション番組「アメリカズ・ゴット・タレント」の出場者たちも、その大切さを知っている。この番組では、洗練された輝きが、正直さの塊に必ず負ける。

　正直さで勝負を挑むなら、あなたの人間性から聞き手の目を離させてはいけない。

　限られた時間のなかで聞き手の心をつかみたいなら、この伝え方に勝るものはない。

◎プレゼンの選択肢2
パワーポイントで見た目をよくする

　2つめの選択肢は、原稿をパワーポイントやグーグルスライドで10枚のスライドに変換する方法だ（スライド用フォーマットについては付録を参照）。

　10ページピッチに記した見出しや文言をスライドに転載し、あなたの組織で一般的に使われている書き方に体裁を整え、スケッチに「プロ」のテイストを少々加えて絵のレベルアップを図る（そういうことが得意な友人に頼んでもいい）。

　ただし、人間味が失われすぎないように気をつけること。手描きのスケッチは、どんなときでもクリップアートより好印象を持たれる！

　そうして準備ができたらスライドを画面に映し、聞き手がかつて見たことのない印象的なプレゼンテーションを披露しよう。

◎プレゼンの選択肢3
ブロードウェイだと思おう！

　プレゼンテーションだって、時にはブロードウェイの舞台のように華やかな演出があってもいい。

　プレゼンの聞き手が「洗練さ」を求めているなら、10ページピッチをスライドに美しく落とし込み、手描きのスケッチは見出しを引き立てる素敵な写真や画像に置き換える。

　そして堂々と発表しよう！

ポップアップピッチとして完成したピッチは、見た目をよくしようと思えばいくらでもできる。

プレゼンはとにかく練習あるのみ

　行ったプレゼンの数が2000は下らない者として、最後にこの言葉を贈りたい。

　プレゼンに自信をつけたいなら、練習するのがいちばんだ。

　人前で話す前に緊張を感じた経験があるなら、それは人間である証拠だ。人は誰だって（文字どおりの意味だ）、人前に立てば緊張せずにはいられない。

　緊張に対抗する手段は2つ。プレゼンする中身のことを自分が安心できるほど深く理解することと、本番のように声に出して何度か練習することだ。

　ポップアップピッチのメソッドを通じてピッチを作成すれば、最初の手段はクリアとなる。ビジュアル・デコーダーに描き込んで10ページピッチをつくれば、プレゼンするストーリーのことは十分に把握できているはずだ。

　あとは、友人の前で本番さながらにそれを発表してみればいい。それで準備は整う。

この本の目的と約束は果たせたか？

　この本を執筆しているあいだ、私はみなさんが抱えるプレゼンテーションの負担を軽くすることだけを考えていた。

　考えてみれば、行う頻度や重要度が高い業務には、決まったやり方が存在する。

　たとえば、手紙や財務報告書には定型書式があり、ブランディ

ングには標準的なやり方があり、もっとも優れたやり方や事例は
「ベストプラクティス」と呼ばれる。

　私はそれと同じように、みなさんが仕事で人とのつながりを築くうえでもっとも重要となる「ストーリーを語るうえでのフォーマット」を授けたいと考えたのだ。

　何年にもわたって、数え切れないほどのプレゼンテーションで「ポジティブな説得」を行い続けてきた私は、あるときふと気がついた。

　そのためのフォーマットが私にはあるのだから、みなさんにも使ってもらえばいいのだと！

「INTRODUCTION」で、私がみなさんと交わした３つの約束を覚えているだろうか。忘れてしまった人は冒頭に戻って確認してほしい。しっかりと約束が守られていることを期待したい。

思い切った行動に出るかどうかはあなたしだい

　どんなプレゼンテーションを行う必要があるとしても、思い切ったことをするかどうかは、あなたにかかっている。

　ストーリーを語って聞かせれば、あなたのプレゼンは聞き手にとってかけがえのないものとなる。

　ポップアップピッチというメソッドを取り入れて、長い目で見たメリットを手にするための一歩を踏み出そう。

付録

ポップアップピッチで使用するツールやフォーマット

　ポップアップピッチには、「ビジュアル・デコーダー」と「10ページピッチ」という2種類のツールが欠かせない。

　この2つのツールが手元にあれば、2時間であなただけのピッチが完成する。

　次ページ以降にまとめたので、参照してもらいたい。

ビジュアル・デコーダー

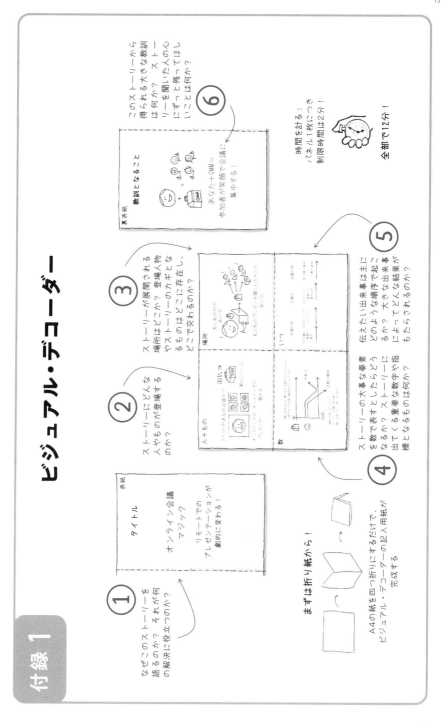

① なぜこのストーリーを語るのか？ それが何の解決に役立つのか？

② ストーリーにどんな人やものが登場するのか？

③ ストーリーが展開される場所はどこか？ 登場人物やストーリーのカギとなるものはどこに存在し、どこで交わるのか？

④ ストーリーの大事な要素を数で表すとしたらどうなるか？ ストーリーに出てくる重要な数字や指標となるものは何か？

⑤ 伝えたい出来事は主にどのような順序で起こるか？ 大きな出来事によってどんな結果がもたらされるのか？

⑥ このストーリーから得られる大きな教訓は何か？ ストーリーを聞いた人の心にずっと残ってほしいことは何か？

まずは折り紙から！

A4の紙を四つ折りにするだけで、ビジュアル・デコーダーの記入用紙が完成する

表紙

タイトル

オンライン会議マジック

リモートでのプレゼンテーションが劇的に変わる！

裏表紙

教訓となること

あなた+OMM＝参加者が笑顔で会議に集中する！

人やもの

場所

いつ

数

時間を計る：
パネル1枚につき制限時間は2分！

全部で12分！

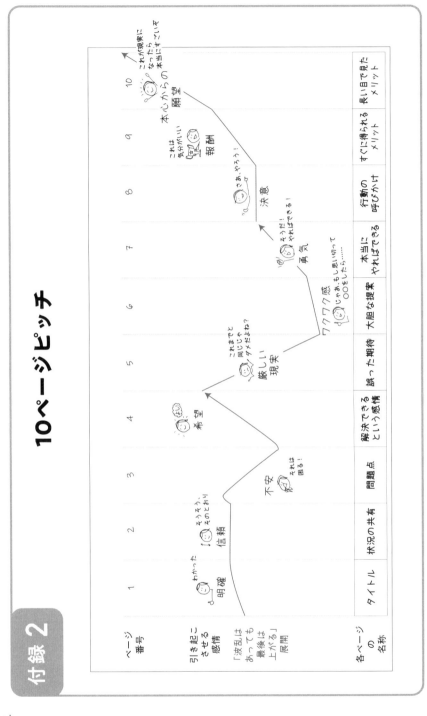

付録3　10ページピッチのスライド用フォーマット

1. タイトル：誰と何についての話か（明確）

1 表紙
誰と何についての話なのかがわかるシンプルなタイトルをつける（感情＝明確）

2. 状況の共有（信頼）

2 状況の共有
聞き手に本音で語りかけ、自分が気にかけている問題は聞き手にかかっているのだと説明し、問題を現実に即して理解していることを示す（感情＝信頼）

3. 問題点（不安）

3 問題点
怖すぎて直視したくない事実や数字を提示する（感情＝不安）

4. 解決できるという感情（希望）

4 解決できるという感情
問題が解決したときにどんな気持ちになるのかを具体的に思い描かせる（感情＝希望）

5. 誤った期待（これまでと同じ／厳しい現実）

5 誤った期待
これまでと同じ策を単純に繰り返しても、実際には何の効果もないと認めさせる（感情＝厳しい現実）

6. かなり大胆な提案（ワクワク感）

6 かなり大胆な提案
思い切った選択肢を提示し、少々無茶に思えるが、勇気と決意があれば誰でも実行できて効果が期待できると伝える（感情＝ワクワク感）

7. 本当にやればできる（勇気）

7 本当にやればできる
大胆な策を実行に移すのは現実に可能であるとの実感が生まれるように説明する。そのうえで、具体的にとるべき行動に踏み込んで、恐る恐る理由は何もないことを示す（感情＝勇気）

8. 行動の呼びかけ（決意）

8 行動の呼びかけ
最初に行う必要のあることを5つリストアップする。チームで行うことの場合、そのうちの2つはあなた自身で事前に行い、残りの3つは聞き手に協力してほしいと要請する（感情＝決意）

9. すぐに得られるメリット（報酬）

9 すぐに得られるメリット
行動を起こせばすぐに得られることが確約されているメリットを最低1つ示し、行動を起こすきっかけにする（感情＝報酬）

10. 長い目で見たメリット（本心からの願望）

10 長い目で見たメリット
新たな策で新たな現実がきて、ニューノーマルとなったときに、思いがけなく手にする大きな成果を提示して幕を閉じる（感情＝本心からの願望）

謝辞

　この本は私の６作目の著書となるが、これまでの５冊を執筆したときとは、何もかもが違った。

　2020年３月に、新たなビジネスの現実が突きつけられ、本を制作するプロセスが一変したのだ。コンセプトづくり、契約、執筆、作画、編集のいずれも、誰とも会わずに行われた。

　執筆に関しては、もともと１人で行う作業だが、それ以外の本づくりにかかわる工程は、すべてチームで行ってきた。

　それが今回初めて、チームの誰とも直に会うことはなかった。それだけに、本書の制作に携わってくれた人には感謝してもしきれない。

　すべての作業をリモートで行い、多大なストレスを抱え、何もかもを初めての形で作業しながらも、私を支えてくれた。

　まずは編集を担当してくれた、パブリックアフェアーズ社のコリーン・ローリー。私とこの本を信頼し、近年まれに見る出版界にとって大変な年だからこそ、刊行すべきだとプッシュしてくれてありがとう。私が地下の仕事部屋にひとりこもってかきあげた原稿は、コリーンの指導とアドバイスによってはるかにいいものになった。

　また、多数のイラストの掲載を伴うという厄介な本書の制作に対し、優れた才能と忍耐力で応えてくれた同社の編集制作チームのみなさんにもお礼を言いたい。

　ケリー・レンケビッチ、メリッサ・レイモンド、オリビア・ロペルフィード、ブックデザインを担当したリンダ・マーク、カバーデザインを担当したピート・ガルソー、ふつうではありえな

248

い頻度で私とやりとりをしてくれて、本当にありがとう。

　それから、20年前に私を指導し、現在はアシェット社のＣＯＯを務めるジョー・マンガン。世界は小さいもので、思いがけずまた一緒に仕事ができてうれしかった。

　そして、14年にわたって私のエージェントを務めているテッド・ワインスタインの提案がなかったら、本書は生まれなかった。私は別のテーマでの執筆を考えていたのだが、いま世界で必要とされているものを強調し、この本を書くことを猛烈に後押ししてくれたのが彼だった。彼のサポートと信頼にどれだけ助けられているか見当もつかない。

　この本を書くにあたり、私が主宰するナプキン・アカデミーの受講者のなかから、150名近くが協力してくれた。

　執筆に費やした9カ月のあいだ、私がCHAPTERを1つ書き上げるたびに、彼らは見出し、構成、個別のイラストに至るあらゆることに関して意見を出し続けてくれた。

　彼らに途中経過を見せる機会をもらえたからこそ、最後まで書き上げることができた。

　ナジラ・アブドーラ、エド・オルター、ジャッキー・アサートン、パヤム・バーランプア、エリック・ベイキー、キンバリー・バーマン、フレデリック・ベリエ、カレン・ベネット、カーラ・バーグ、デビッド・バーニー、ブレット・ビショップ、ジェニー・ブレーク、アラン・ブラー、ポール・バード、マイケル・キャラウェイ、マリオン・シャロー、ジェフ・チェン、クラーク・チン、ジョナサン・クラーク、ラリー・クラーク、スティーブ・クラーク、ポール・コナーズ、テッド・クーパー、ケリー・カウアン、クリス・ドーソン、トム・ディアス、ジョン・ドアバー、ジム・エドワーズ、ベス・イーガン、カロライン・エリス、ハイメ・フーシェ、ビバリー・フリーマン、メイ・リン・

ファン、クリスティン・ガン、ローデス・ガント、ポール・ガース、ルース・ゲルハルト、パトリシア・ヘストーソ、アニー・グラドゥ=レタム、アイ・ヤット・ゴー、チャバー・ゴールデン、ディミトロ・グラボベッツ、シェリ・ガンダーソン、コリーン・ハックリー、レイナー・ハンセン、シェリー・ハーバーカンプ、ポール・ホーキンス、ロバート・ヘイワード、ジェット・ハイゼ、ジョン・ヒプスリー、モニカ・ホーバス、モハマド・ファリド・ジャファール、ココ・ジョンソン、リー・ジョンソン、トマス・ジュベール、マーク・カーク、トマス・クナッペ、サマー・コイデ、ウィム・クロール、パンカジャ・クラブカ、ケーベン・L、クリスティン・ラングレー、アンソニー・リー、アンドリュー・レナーズ、エフゲニー・レスチェンコ、ボルト・ロガル、ロブ・ロングリッジ、エバ・ロペス、ガビ・ロペス、ダニエル・ロペス・ゴンザレス、マリア・マハール、ジャン・カルロ・マンゾーニ、アラビンダン・マリムスー、ルイ・マルケス、ボビー・マッテイ、スーザン、マクダーモット、トマス・マクデビット、ディーパック・メーラ、ドリュー・モリス、ヨルト・ネイエンヘイス、マイケル・ネルソン、デニス・ノエル、ベン・ノーブル、クリスティン・ニガール、ジャンニ・オリアーニ、マルコ・オッサニ、トム・オトゥール、カール・パルマー、クワン・パナタカン、リン・ピアース、トゥイ・ファム、マイ・ハン・ファム・トー、ジェームズ・ピチャルド、スティーブ・プレーヤー、モハメッド・ラフィーア、マノジ・ラジェンドラン、マギー・ラスト、ニール・レディング、ウィリアム・リード、エドワード・リーガン、レベッカ・レンフロ、スベン・レトレ、オイゲン・ローデル、アレクシス・ロドリゴ、アンソニー・ローパー、マーク・ルービン、ソフィー・サルバドリ=ローム、スーザン・シュリーフ、シンシア・スコット、ブライアン・セグリッ

チ、デベーシス・セングプタ、フランク・セリンガ、レベッカ・ショックリー、ステファニー・サイモン、ジェフ・スミス、ジョシュ・スミス、トッド、スミス、ルイス・ソリス、サマンサ・ソーマ、ソニア・ステットラー、ケン・ストーン、ライラ・タラフ、ダン・トーマス、トマス・トンダー、ボリス・トプラック、ブライアン・トゥルースデール、ビンス・ターナー、ニティン・ウルドゥワーシ、ルース・ウリベス、ミクロス・ベーグ、ジョゼフ・ビエイラ、トマス・ビクストロム、クリス・フォン・スピッツァー、ティム・ウェスト。

　彼らなくして、この本の完成はありえなかった。

　そして、ナプキン・アカデミーでいつも私に刺激を与えてくれる、デビー・デルー、アイ・ヤット・ゴー、シェリー・ロー、ザビエル・ファンにも心からの感謝を伝えたい。

　彼らといつも話しているおかげで、私は正気を保って誠実にスケジュールどおりに動くことができている。

　それから、素晴らしい仕事仲間であるダシュカ・ザパタ、ジム・エドワーズ、マーク・ルービン、ライラ・タラフ、ベントン・アームストロング、ノア・フラワー、リサ・ソロモン、リン・カラザーズ、エド・オルター、エリック・アイスランド、RJ・アンドリューズ、キャサリン・マッデン、エイドリアン・ナイバウアー、ジョン・ピアースにも大変お世話になった。

　最後は、本書の冒頭で名前をあげたダン・トーマスへの感謝で締めくくりたい。

　彼は、この本が完成するまでのありとあらゆる段階で協力してくれた。そして、私が原稿を納品した週に逝去した。この10年にわたって彼からもらったアドバイスと友情は、私にとっては何よりの宝物で、これからも大事にしていきたい。

　ダン、いつもきみのことを思っているよ。

参考文献

Ariely, Dan. *Predictably Irrational*. New York: Harper Perennial, 2010. (『予想どおりに不合理：行動経済学が明かす「あなたがそれを選ぶわけ」』熊谷淳子訳、早川書房、2013 年)

Campbell, Joseph. *The Hero with a Thousand Faces*. Novato, CA: New World Library, 2008. (『千の顔をもつ英雄』倉田真木、斎藤静代、関根光宏訳、早川書房、2015 年)

Carnegie, Dale. *How to Win Friends and Influence People*. New York: Simon and Schuster, 1936. (『人を動かす』田中博訳、創元社、2016 年)

Chalupa, Leo M., and John S. Werner. *The Visual Neurosciences*. Cambridge, MA: MIT Press. 2004.

Duncan, Paul. *The Star Wars Archives*. Cologne, Germany: Taschen, 2018.

Eagleman, David. *The Brain: The Story of You*. New York: Vintage, 2017. (『あなたの脳のはなし：神経科学者が解き明かす意識の謎』大田直子訳、早川書房、2019 年)

Edwards, Betty. *The New Drawing on the Right Side of the Brain*. New York: Jeremy P. Tarcher, 1979. (『脳の右側で描け』北村孝一訳、エルテ出版、2002 年)

Kahneman, Daniel. *Thinking Fast and Slow*. New York: Farrar, Straus and Giroux, 2011. (『ファスト＆スロー：あなたの意思はどのように決まるのか？』村井章子訳、早川書房、2014 年)

Kluger, Jeffrey. "Here's the Memory Trick That Science Says Works." *Time*, April 22, 2016. https://time.com/4304589/memory-picture-draw/.

Meadows, D. H. *Thinking in Systems*. White River Junction, VT: Chelsea Green, 2008.（『世界はシステムで動く：いま起きていることの本質をつかむ考え方』小田理一郎、枝廣淳子訳、英治出版、2015 年）

Medina, John. *Brain Rules*. Seattle, WA: Pear Press, 2017.（『ブレイン・ルール：健康な脳が最強の資産である』野中香方子訳、東洋経済新報社、2020 年）

Ramachandran, V. S., and Sandra Blakeslee. *Phantoms in the Brain*. New York: William Morrow, 1999.（『脳のなかの幽霊』山下篤子訳、角川書店、2011 年）

Stephens, Greg J., Lauren J. Silbert, and Uri Hasson. "Speaker-Listener Neural Coupling Underlies Successful Communication." *Proceedings of the National Academy of Sciences of the United States of America* 107, no. 32 (2010): 14425-14430. https://doi.org/10.1073/pnas.1008662107.

【著者紹介】

ダン・ローム（Dan Roam）

◉──明確な思考、ビジュアルストーリーテリング、説得力のあるコミュニケーションに関する4冊の世界的ベストセラーを持つ。マイクロソフト、イーベイ、ゼネラル・エレクトリック、グーグル、IBM、ウォルマートなど多くの企業のリーダーが、ビジュアルシンキングによって複雑な問題を解決するのにそれらの著書を役立てていて、その活動はCNN、MSNBC、ABCニュース、Foxニュース、NPRなどで紹介されている。2012年、ナプキン・アカデミーを立ち上げ、世界43カ国から2万人以上の有料会員が集まって学んでいる。米国サンフランシスコ在住。

【訳者紹介】

花塚 恵（はなつか・めぐみ）

◉──翻訳家。福井県福井市生まれ。英国サリー大学卒業。英語講師、企業内翻訳者を経て現職。主な訳書に『これからの生き方と働き方』（小社刊）、『SLEEP 最高の脳と身体をつくる睡眠の技術』（ダイヤモンド社）、『LEADER'S LANGUAGE 言葉遣いこそ最強の武器』（東洋経済新報社）、『苦手な人を思い通りに動かす』（日経BP）などがある。

THE POP-UP PITCH　最もシンプルな心をつかむプレゼン

2023年5月22日　第1刷発行

著　者──ダン・ローム

訳　者──花塚　恵

発行者──齊藤　龍男

発行所──株式会社かんき出版

　　　　東京都千代田区麹町4-1-4 西脇ビル　〒102-0083

　　　　電話　営業部：03(3262)8011㈹　編集部：03(3262)8012㈹

　　　　FAX　03(3234)4421　　　　振替　00100-2-62304

　　　　https://kanki-pub.co.jp/

印刷所──ベクトル印刷株式会社